运动无极限

F
itness
in
China

宋黥芪、王弈 / 撰文

五洲传播出版社

目录
Contents

FORAY

北京2008年奥运会合作伙伴

导语

21世纪的中国正处于飞速发展的时代，经济增长一直保持着强劲的势头。2005年，中国城镇居民人均可支配收入达到10493元，比2004年实际增长9.6%。物质生活水平的提高，余暇时间的增多，生活观念和方式的改变，使更多的中国人有精力、也有能力投入到运动健身的热潮之中。2005年，中国的各类健身场馆已达95万个，健身场地面积达13.2亿平方米，经常参加体育锻炼的人口占可统计的7至70岁总人口的近40%，面向社会大众的各类社会体育指导员已有43万多人。中国已经形成了一个具有相当规模的健身产业市场，健身产业经营性机构达2万多家，总投资额超过2000亿元人民币，年营业额超过600亿元。此外，每年中国各地举办的商业性比赛和体育表演的营业额达到约8000万元，体育产业的产值呈现出快速增长的趋势。北京成功申办2008年奥运会更是激发了中国民众的运动健身热潮。

近年来，中国人的健身运动呈现出生活化、多样化、休闲化等显著特点。健身活动逐渐融入人们的日常生活，成为他们日程中不可缺少的重要内容。百姓心中“健身”的概念，已不再局限于公园里遛

鸟、晚饭后的散步，其活动形式更加丰富多彩：足球、篮球、排球、乒乓球、羽毛球、游泳等传统的运动项目，人们热情不减；一些新兴时尚健身运动，如高尔夫、保龄球、健身操、拉丁舞、滑板、斯诺克等，参与群体不断扩大；滑雪、登山、潜水、攀岩、赛车等户外运动也在中国悄然兴起，尤其受到年青人的喜爱。物质生活水平的提高带来人们生活观念的变化，百姓积极参与健身活动不仅仅是为工作和生活打下身体基础。现代社会工作所带来的压力、都市生活的紧张节奏，使人们感到必须注重健康。民间流行着这样的说法："请人吃饭，不如请人流汗"，通过运动健身来增强身体素质，提高生活质量，已经成为新时期中国人的普遍需求。运动健身，代表着一种时尚清新的生活方式，代表着对高质量生活的向往和追求，代表着健康、蓬勃和朝气，开始走进中国人的日常生活。

Chapter 1 / 社区健身

社区健身

中国经济的快速发展，大大改善了城镇居民的居住条件，也对居民区的环境和服务设施提出了较高的要求。中国城市现有11万多个社区，每个社区平均有1500户居民。为便于居民就近参加休闲健身活动，政府、社区、业主三方都在积极加强和完善社区的体育活动设施这一“硬件”建设。

社区生活新风尚

在北京的大街小巷，常可见到一组组色彩明快、各具功能的体育健身设施。这是用体育彩票募集的社会公益金加上政府资助修建起来的“全民健身工程”。近年来，这一工程已在国内许多城市的居民社区落户。比起公园和专业的体育场馆，社区中的这些健身设施显得非常普通和简单，但是邻近住所和浓厚的生活气息使之别有一种吸引力。去体育场馆太远，公园散步也不是天天可以做到，何况这些地方的体育健身设施都需要一定的费用；而走出家门到社区健身点锻炼身体，方便、省时，难怪很多人对此情有独钟。

每天清晨和黄昏，分布在四川省乐山市各个社区、公园、广场、运动场的数百个健身点，总会迎来众多市民前来进行他们喜闻乐见、活泼多样的健身活动。身手敏捷的青少年习练武术、拳击；精神矍铄的老人在太极拳中凝神屏气；满脸喜庆的中、老年妇女们扭起了健身秧歌。每年，乐山市、区、县相关部门都组织开展社区之间的各种体育竞赛和其他健身活动，居民们踊跃参加，形成了群众体育健身的热潮。

目前，中国城市的大多数社区都建有露天篮球场、羽毛球场、乒乓球台和其他各类健身设施，如漫步机、单双杠、牵引器、压腿器、扭腰器、儿童秋千和跷跷板等，条件好的社区还拥有网球场、塑胶足球场、游泳池、室内运动馆和健身俱乐部。各种各样的社区健身设施为人们在家门口锻炼提供了条件，无论是刚学会走路的孩子，还是白发苍苍的老人，都能从中找到适合自己的游乐健身方式。

相关资料链接

目前，中国拥有辅导站、健身中心（室、站）、普通活动点、项目协会活动点等四类群众健身活动点。抽样调查显示，参与人数在30人以下的活动点，占26%；31～100人的占49%；100人以上的约占25%。健身活动点中参与者最多的活动项目依次是：气功、健身操、交谊舞和武术。活动点通常设在公园、基层社区场地、街头巷尾和学校、单位的活动场所。

农民NBA

运动健身并非只是城里人的事，农民们在田间劳作之余，也不忘去体验运动带来的乐趣。随着中国农村经济的发展与农民生活水平的提高，参与体育锻炼的农民也越来越多，农民强身健体的意识得到了进一步增强。即便是在中国海拔最高的雪域高原西藏，体育人口也已达到60万，占全区总人口的23%，其中大部分是牧民群众。

与城市相比，目前中国农村的健身场所和设施建设相对滞后，但农民健身锻炼也有自身的优势，比如场地开阔、空气清新、群众易于组织等，这些都是城市锻炼所无法比拟的。中国农民更容易接受他们所喜闻乐见、与生产和生活结合紧密、具有农村特点的体育健身和竞技活动。

热闹的NBA不过才30支参赛队，而在中国河南的灵宝县农村，有一个多达73支农民队伍参加的灵宝篮球联赛，人称“农民NBA”。2004年开张的灵宝农民篮球联赛虽在赛制上颇似美国NBA，但参赛队数、比赛场次和时间都让NBA汗颜。该联赛采用主客场制，分8个赛区，“常规赛”设在各村庙会时间，各区第一名晋级“季后赛”。由于参赛队多，一个赛季总共769场比赛几乎贯穿全年，观众达到20多万人。为吸引更多眼球，比赛暂停时由农村姑娘组成的篮球宝贝时常也上场舞动一番。所有参赛者都是自己解决食宿，裁判也是义务的。正是源于农民对篮球的热爱，首届联赛总决赛总共才花费了11元：1元水泥钉挂横幅用，2.5元茶叶，5元纸张，2.5元蜂窝煤。11元办一个篮球联赛，这恐怕是世界上其他篮球联赛前所未见的。

根据最近一份关于农村体育的调查统计，中国农民较多参与的体育健身项目排在前十位的依次是：跑步、散步；羽毛球；乒乓球；棋牌；健身操；民间舞蹈；台球；足、篮、排等球类项目；游泳；太极拳。随着经济收入的增长和余暇时间的增加，越来越多的农民开始涉足更广泛、更有趣味的体育项目，有些经济条件较好的乡村还建有自己的文体俱乐部或活动室，农村居民参与体育活动呈现多元化趋势。2006年春节期间，河南省的一些农村就相继举办了农民登山赛、摩托车障碍赛，这些活动使农村体育健身的内容更加丰富多彩。

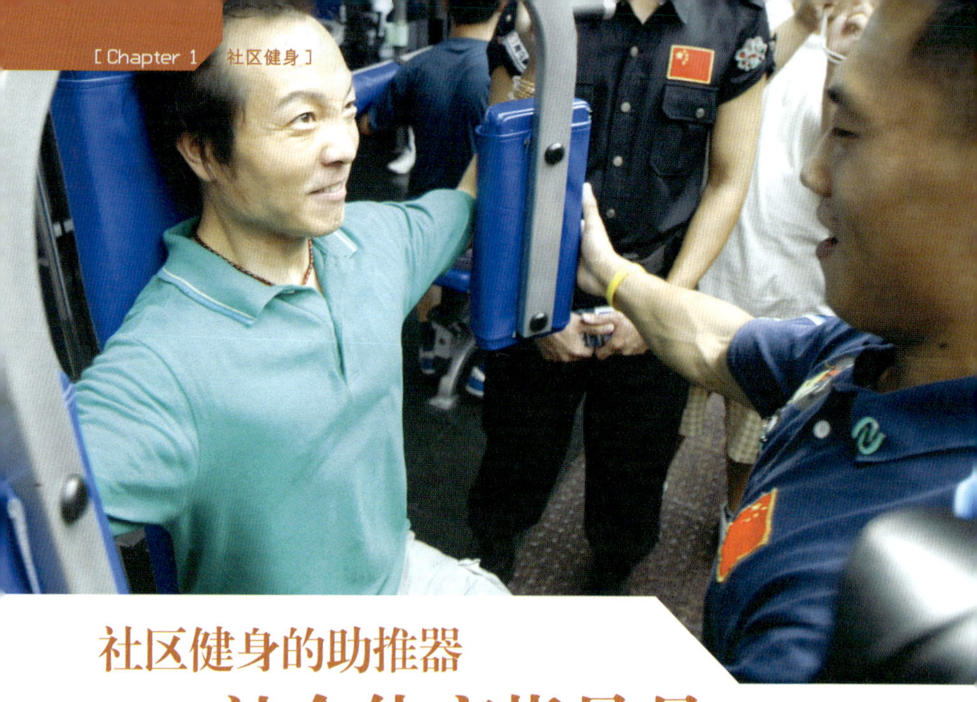

社区健身的助推器
——社会体育指导员

健身运动需要科学的计划和指导，尤其是在人们参与健身锻炼的愿望日趋强烈的今天。近年来，由于缺乏必要的科学锻炼知识，健身不成反受伤的现象屡有发生。如上班族双休日集中运动量太大造成身心疲惫，网球初学者打球幅度太大造成肘关节受伤，青年女性盲目练瑜伽造成身体肌肉韧带拉伤，中老年人做一些节奏较快的动作时间过长造成膝、踝关节受伤等。在这种情况下，社区健身指导员作为一个新兴职业，得到了社会的认可和人们的欢迎。

目前在中国，社会健身指导员可分为公益性和职业性，其中公益性的占了大多数。资料显示，在为大众提供服务的社会健身指导员中，义务服务的占88.1%之多。尤其是在公园、街道等公共场所进行指导的社会健身指导员，绝大部分都是无偿的，他们所得的回报，是大众的积极参与和社会的认可，主要是精神方面的奖励。

在晨晚练辅导站、休闲广场和各个公园，健身指导员会组织和指导人们进行一些球类训练,像健身球、羽毛球、乒乓球等。此外，这些指导员还会编排一些既优美又能锻炼身体的秧歌、扇子舞、交谊舞、民族舞、健身操等健身项目。这些动作别看简单，而且是自创的，但一招一式都能达到活动筋骨、健美体形的目的。爱好武术的人也不用担心求师无门，专门有一些精通太极拳、刀法、剑术等项目的指导员会为您指点迷津。如此丰富多彩的健身方式，自然会吸引人们热情投入到各种健身活动中去，并从中充分享受到运动的乐趣。

每日清晨，在天津市人民公园晨练场上，总能看到一位七旬老人在教大家习武打拳。这位老人就是天津市河西区优秀社区体育指导员孙家庆。70岁的孙家庆4岁开始习武，多年来他在全国大赛上屡创佳绩，以精湛的拳、棍、剑三绝技享誉武坛，并于2002年获得国家级体育指导员证书。孙家庆常到人民公园活动，吸引了许多习武者，于是他把这些人组织起来，义务教练太极拳、剑。由于孙家庆教武术不收费，又非常认真负责，慕名求教者越来越多。迄今，他已在天津市河西区12个街区组织了28个太极拳队，一些体弱患病者通过练武术增强了体魄，恢复了健康。

在中国各大城市的很多城区，人们都可以在家门口健身，参加各种各样的体育活动，同时通过社会健身指导员得到科学、专业的健身指导。目前，仅北京市的体育指导员就有1万多名，他们深入到居民小区、社区、公园、休闲广场，其中有5000～6000人分布在晨晚练辅导站，免费进行健身指导。

相关资料链接：

- 2006年5月18日至6月1日，经过北京市社会体育管理中心的严格培训，首批93名游泳项目的健身辅导员通过了北京市首批初级社会体育指导员的理论和专项技能考核鉴定，取得了中国劳动和社会保障部统一印制的国家职业资格证书。今后，北京市还将陆续在健美操、武术、棋类、滑雪等36个项目中开展社会体育指导员资格鉴定工作。
- 2006年6月29日，首届北京市社会体育指导员技能大赛在龙潭湖公园中心岛举行，来自北京市十几个区县的800多名以社会体育指导员为主体的健身爱好者参加了比赛。比赛设健身操舞、空竹、中华毽三个比赛项目。

社区居民的节日
——社区运动会

社区运动会是一种为了让社区居民快乐地参与健身的新兴群众健身形式，常常在一些传统的竞技体育项目的基础上，添设一些老少皆宜的游戏类项目，如跳绳、拔河、踢毽子等等。参赛者一般以家庭为单位搭档组合，也可以自由报名参加个人项目比赛。运动会的奖品虽然不是很丰厚，却很能激发大家的积极性，使大家的兴致更高。这类趣味比赛大多安排在双休日和节假日进行，既不影响群众的正常工作，又能够给他们的假日生活增添乐趣。在运动会上，人们拉近了相互的距离，一家三口齐上阵、街坊邻里打配合的场面随处可见，大家似乎都融入了社区大家庭中。据说在有的社区，热热闹闹的社区运动会甚至吸引了居住在该小区的奥运冠军也兴致勃勃地参加比赛，小运动会瞬间达到了国际水平。

2004年夏季，在中国奥运健儿拼搏于雅典赛场的同时，在广东省江门市北街的丽苑小区也举行了一场运动会，300余名业主参加了比赛，激烈热闹的场面让不少慕名前来观看的市民也想上场一试身手。篮球场上，16岁以下组虽然年龄、个头参差不齐，但传球、投篮、组织、进攻却是有板有眼，身体接触频频，让在场的家长捏汗的同时又爆笑连连；成人组的精彩对决更是引来阵阵喝彩。羽毛球、乒乓球、台球、跳绳等项目的比赛也在同一时间展开角逐。平日里较少见面的邻里在竞技场上一决高下，其乐融融，尽情享受着运动带给他们的快乐。赛后，一位获奖业主胸挂奖牌，手拿证书、纪念品，笑呵呵地说："健身活动就是需要气氛，有气氛才有活力。有了健身场地，以后朋友、亲戚来了可以搞些体育活动联谊一下，特别方便。"

2006年5月4日，一场别开生面的社区运动会在辽宁省盘锦市生态园社区精彩上演，引来周边社区千余名市民踊跃参与。这边，不谙农事的城里人像模像样地拿起了扁担，脚步如飞地进行“挑白菜”比赛，不时落地的白菜引得观众发出阵阵笑声；那边，老年人聚在一起，聚精会神地投掷飞镖，孩子们则争分夺秒地进行着拼图竞赛。一旁围观的“啦啦队”扶老携幼齐上阵，东跑跑西蹿蹿，为自家人助威的同时，也不忘给邻居打打气。在总共十多种比赛项目中，不时能看到全家人上阵的温馨场面。比赛之余，一些居民开心地说，这样的社区运动会，既拉近了邻里之间的感情，又学到了不少有用的知识，可谓一举两得。

作为一种极具吸引力的休闲活动，社区运动会为中国的普通市民搭建了一个邻里交流、健康快乐的平台。居民通过参与集体健身活动，强健了自己的体格，丰富了业余文化生活，又营造了良好的社区环境，增进了街坊邻里之间的了解。

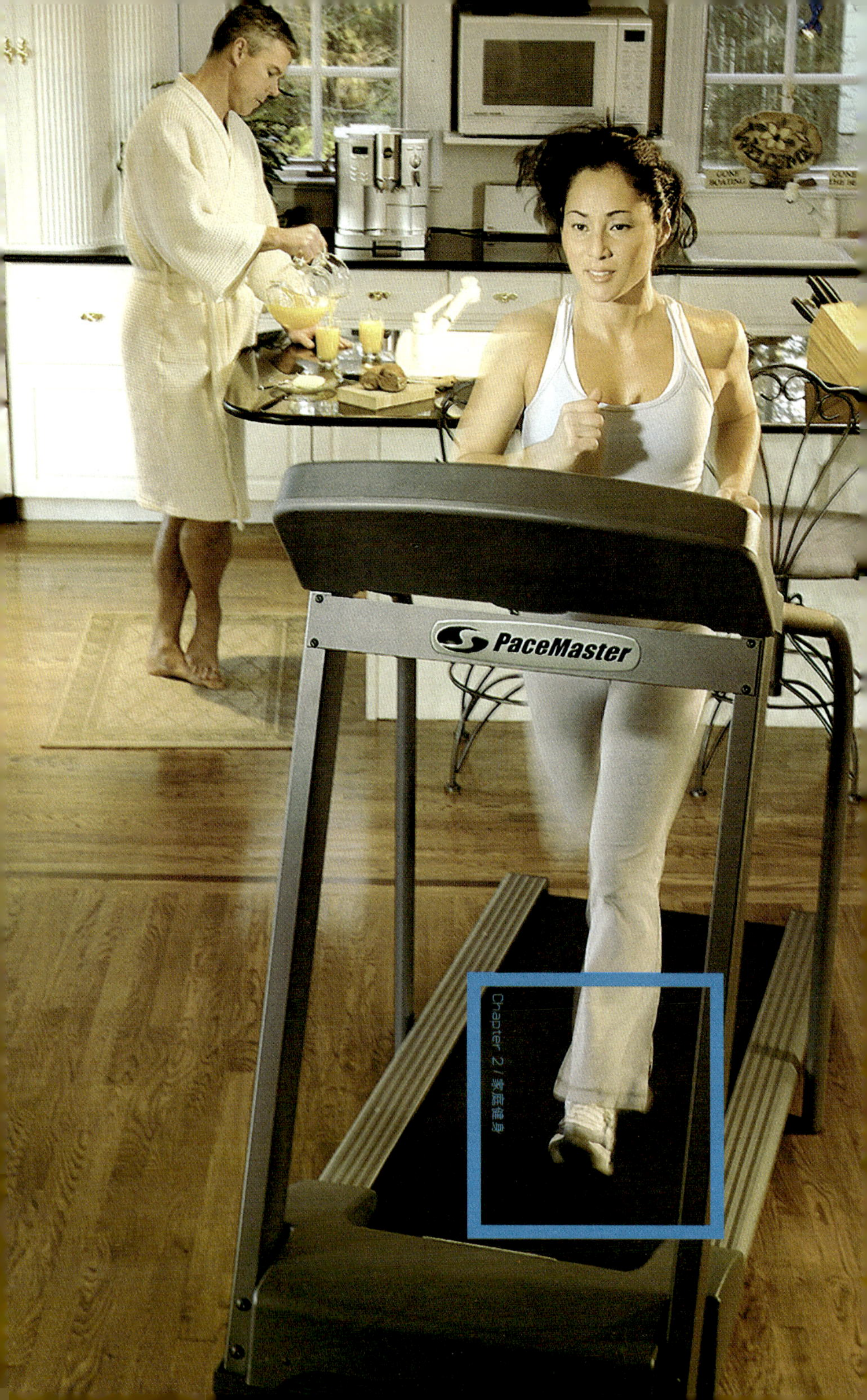
PaceMaster

家庭健身

每当晨曦来临，一家老小涌出门户；绿树掩映的小路，芳草茵茵的草坪，清澈流水的河畔；或是跑步、或是做操、或是来上一段太极，或河边垂钓，各取所好、各得其所。到了周末，有的是携妻带小，有的是约上几个朋友，有的是情侣相伴，来到运动场或体育馆，美美地享受一顿运动大餐。节假日里时间充足，可以沐风观海，亲近自然，享受大自然的恩赐。在海边，既可以选择划着小艇去乘风破浪，也可以躺在沙滩上享受阳光；在田野之间，人们登山打猎，下河抓鱼，尽情享受恬静自然的乡村之乐。在中国，家庭健身通常是在公园或街道旁散散步，在房屋前后做做操，条件好一些的家庭自家有院子，可以在空地上玩玩游戏。这些活动大部分是在户外而且离家不远的地方进行的。不知从何时起，“家庭健身”这四个字所包含的内涵发生了由外及里、由近及远的变化。随着健身器材的不断开发和居住环境的改善，部分家庭开始有条件配置健身房或腾出活动空间，一些适合家庭使用的健身器逐步进入人们的居所。生活在都市的人们，休闲健身的方式更呈多样化。如果有整段的假期，有人会离开喧闹、拥挤的都市，去拥抱大自然，由此形成了一股生态健身旅游的浪潮，如攀岩、登山、滑雪、野营等。这些运动的目的是为了锻炼自己的体能，磨练意志，提高生存能力，了解自然，而不是人与人的对抗竞争。没有固定的场所、规则，也没有裁判来评分，这些运动追求的是人与自然的融合和亲近。

假日
健身风靡

全家一同健身，是中国城市中许多家庭假期生活的新节目。在假期里，平时忙于工作的大人和埋头苦读的孩子都得到了难得的空闲。健身，有利于家人放松身心、调整状态、交流感情、锻炼身体，何乐不为。

家庭成员共同健身益处多多，既提高了身体素质，又愉悦了心情，更重要的是提供了一种融洽的气氛，使平日处于操劳状态中各忙各的家人相聚在了一起。家人之间可以互相鼓励和督促，相较于枯燥的单人健身更有乐趣，家庭关系也更加和谐。

2005年5月3日，在河北省石家庄市奥林匹克健身俱乐部里进行了一场家庭健身比赛。参赛选手均以三口之家为单位，规定每人都要做一种健身运动而且分工明确，爸爸俯卧撑，妈妈仰卧起坐，孩子跳绳，最早完成规定动作的家庭胜出。主办者说，之所以发起这样的活动，很大程度上是考虑到越来越多的人希望和家人共同健身；而以前，健身通常被认为是个人的事情。由于这次家庭健身比赛放在五一长假中举行，吸引了众多家庭参赛。

健身教练
走入小城镇

家庭健身也不再是大城市居民的专利，随着中小城市和乡镇地区生活水平的提高，居住在这些地方的人们越来越关爱自己及家人的身体健康，“花钱买出汗”已成为一种时尚。

江西省兴国县城背街王阿姨家的院子里，每天清晨都会响起节奏欢快的体操旋律，一家老少都跟着健身教练做健身操。2005年以来，兴国农民悄然兴起聘请家庭健身教练之风。据聘请家庭健身教练的王阿姨介绍，她们家人都有睡懒觉的坏习惯，她希望通过聘请一位家庭健身教练，一方面让全家人每天运动运动，增强体质，另一方面促使家人养成早起的良好生活习惯。

家住兴国县潋江镇西街居委会的张大爷笑着说，自从他家聘请了健身教练后，他每天都坚持健身运动，现在感觉身体结实多了。往年每到秋冬季都容易感冒、咳嗽，今年一点都没事，健身运动比吃什么补药都管用。

健身教练这个行业从大城市初步走向乡镇，说明健身运动已受到各阶层老百姓的欢迎，是人们重视生命质量的体现。聘请专业的健身教练指导家庭健身，可以使健身的效果发挥到最佳，还能避免因健身不当而产生的运动伤害，真可谓一举两得。

家庭健身房

在当前中国的大部分家庭里，家庭健身器械大致可分为三类：一类为低档用具，如小杠铃、哑铃、拉力器、臂力器、跳绳、绳铃等，性能单一，使用简便，价格便宜，而且不占用空间；二类为中档用具，如仰卧器、健步器、健身车、跑步机、健骑机、划船器等，一般都兼有两种健身功能，占一定的空间，价格稍贵；三类为高档用具，如多功能综合健身器、多功能举重机、多功能健身椅等。这类器具占地面积大，价格昂贵，大都内置有电脑，使用时预先设置程序，就能同步反映运动过程中身体发生的变化，如心率、消耗的热量等。无论使用哪一类健身器材，都可以达到健身的目的，关键在于方法得当和持之以恒。

家庭健身的热潮也带动了体育运动专卖店的红火生意。有小孩的家庭常常需要飞镖盘、溜冰鞋、滑板车、羽毛球、跳绳等小件体育用品；家有老人的多钟爱围棋、象棋、太极长剑、门球棒等；年轻一族对拉力器、哑铃、臂力器等更感兴趣；乒乓球桌和多功能跑步机则一直供不应求。

2005年1月18日，家住北京市东城区黄化门街道43号的白师傅一家有了新鲜事儿：一台多功能组合健身器材被街道居委会送进了家门，而自家才花了200元。这一天，黄化门街道一共有100户家庭都像白师傅家一样，获得了由政府提供的健身器材。健身器材价值2000多元，除了居民负担的200元，其余全部由区体育局和社区共同承担。这个造福于民的事儿是北京市打造“体育生活化示范社区”的开端。

张先生是一家服装厂的老板，走进他家中宽敞的家庭健身房，首先跃入眼中的是摆在屋子正中的一张折叠式标准乒乓球桌，安放在屋子另一隅的是多功能跑步机和腹肌板，使整个房间平添了几分专业气息。张先生说：“去外面正规的健身房总是要办什么年卡、月卡，得先预交上几千块钱，有这些钱，我都够买一台跑步机了。虽然装备这间健身房花了一万多块，但它已成为全家老少的乐园。”

现在，经济条件较好的人在选购健身器材时，往往特别强调要购买电子化、智能化的，哪怕多出数千元也在所不惜。在沃尔玛，一位姓肖的男士选择了一款价值8700元的电子计量版跑步机，他认为：“自己平时跑步不知道应该跑多久、跑多快，而这种机器只要输入自己的性别、年龄、身高和体重，就会自动帮我调节跑步的时间和速度，还可以不断地变换速度的快慢，跑完之后还能告诉我消耗了多少热量。”

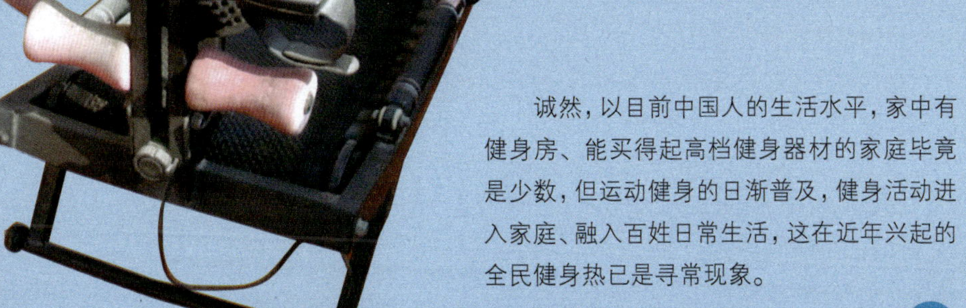

诚然，以目前中国人的生活水平，家中有健身房、能买得起高档健身器材的家庭毕竟是少数，但运动健身的日渐普及，健身活动进入家庭、融入百姓日常生活，这在近年兴起的全民健身热已是寻常现象。

2005年一项名为“中国妇女生活质量问卷调查”的结果显示，家庭健身中女性参与的比例正在逐年增加；女性整体健身意识比较强，82.6%的女性会不定期地进行锻炼；在健身消费方面，女性远比男性更舍得花钱。

家庭健身的“半边天”

相对男性而言，女性健身消费的动机比较明确。减肥、健美往往是女性健身最关心的话题。中国的家庭妇女为了家庭付出了很多，当孩子长大、丈夫事业成功时，她们终于有了闲暇和经济条件投资自己的健康，追求形体美多是她们加入健身行列的动力。年轻女性就更不用说了，为了保持美好的体形，“我运动、我美丽”从来都是她们的运动宣言，运动健身也成为她们展示自身美丽和自信的最佳方式。

当然还有别的原因。杭州一位先后在三家健身房办过年卡的女性这样解释:“健身房里女会员比男会员多,其中一个很重要的原因就是:女性比男性更喜欢时尚。现今,进健身房锻炼已经成为一种时尚,自然吸引了很多女性。”

此外,女性的消费习惯决定了女性体育消费更容易趋向精品化或品牌化。女性在选择体育服装或其他体育用品时,除了关注功能性和实用性外,还会更多地关注品牌和款式。北京一位从事IT工作的女士表示,在体育消费方面,“品牌的东西不一定都是好的,但是适合自己的体育品牌可以让我找到自信和快乐。”

相关资料链接 中国的家庭健身

据资料显示：近年来，中国城市居民用于家庭体育消费的开支有了快速的增长。1996 年平均为 329 元 / 户，到 1999 年达到 560 元 / 户，2001 年达到 640 元 / 户。但另一方面，家庭健身开支占居民生活总开支的比重仍不大。即使以中国经济发达的珠江三角洲地区为例，居民用于体育方面的支出也不过月人均 36.57 元，只占生活费总支出的 5.4%。由此可见，中国的家庭健身还有非常大的发展空间。

中国的家庭健身现状

家庭健身内容的构成与选择

〔类别〕	〔项 目〕	〔第一选择〕
田径类	耐力跑、越野跑、变速跑	24.02%
球 类	羽毛球、乒乓球、篮球	22.59%
健身类	太极拳、气功、各种医疗体操	12.38%
体操类	广播操、健美操	9.98%
娱乐类	扭秧歌、舞蹈、迪斯科	3.88%
水冰类	游泳、滑冰、滑雪	8.83%
民族类	武术、摔跤、赛马	6.58%
素质类	俯卧撑、举石锁、掰手腕	4.21%
其他类	旅游、登山、棋牌	0.69%

广州、深圳、香港家庭健身活动空间的比较

〔活动空间〕	〔广州〕	〔深圳〕	〔香港〕
居室内部	13.9%	10.16%	8.1%
房前屋后	15.2%	20.7%	6.9%
公园广场	20.6%	15.8%	7.8%
单位设施	3.4%	6.6%	8.7%
公共设施	9.7%	8.9%	22.4%
体育经营设施	36.2%	26.6%	36.5%
山川湖海	12.5%	11.0%	9.55%

Chapter 3/

都市白领
健身

近期，一家专业调查公司对某大城市中的100名年龄在20至50岁的白领进行了一次问卷调查，被调查者从事的是计算机软件、邮电及通讯工程、商业流通、媒体广告、策划咨询等新兴行业。其中20%的被调查者表示自己或多或少有一些身体上的小毛病，如胃病、肥胖、贫血、便秘、胆固醇高、血压高等；36%的被访者虽没有明显疾病，但经常出现食欲不振、精神紧张、头痛、疲乏、易感冒、困倦等“亚健康”症状。在如何应对方面，认为自己能够合理安排饮食起居，保持适量运动，定期做体检的不足40%；另外25%的人则选了“有空多睡觉、多吃补品”这一选项。“没时间”成为都市白领不积极参与健身运动最多的解释。

工作压力过大、节奏过快无疑会对健康产生一定的负面影响，人们逐渐认识到，要长期高效率地完成工作任务，就必须保证充沛的精力。在北京、上海等大城市中的都市白领，已不再满足于单位每年一度为员工组织进行的普通体检，他们或在单位体检中自掏腰包要求增加检查项目，或另行定期到医院自费做一次全面体检。像这些白领人士一样，越来越多的人已经意识到，只有对自己的健康进行主动“检修”，才能防患于未然。

目前，中国城镇中的健康体检已经非常普及。为适应市场需求，大多数医院都设立了面向单位和社会大众的体检中心，组织专门的医疗人员从事这项工作。健康体检不仅能提供检测出来的医学数据，更重要的是能针对体检者不同的健康问题，由医生提出相应的解决方案，其中除了必要的就医治疗建议外，更多的是科学的医嘱，如有针对性地改善膳食结构、加强身体锻炼、改掉不良的嗜好和习惯、培养良好的生活方式等。对“亚健康”人群来说，这些医嘱有时胜似良药，难怪现在有人把健康体检称作“一项回报最高的投资”。

“走班族”的幸福生活

现代都市工作和生活的压力越来越大，为了工作，很多人必须终日端坐在电脑前，他们很想通过锻炼身体来缓解自己的工作压力，但苦于没有时间。很多"忙里偷闲"的健身好法子应运而生，走路上下班就是其中之一。时下流行的"走班族"大多希望通过步行上下班达到锻炼身体、调节心情的目的。

外企主管王梅一直在吃减肥药，但感觉体重反弹快，身体抵抗力也大不如前，总是引发慢性咽炎。前一段时间她听说有朋友走路上下班，健身效果非常明显。她觉得这个主意不错，于是脱下高跟鞋，换上了运动鞋。首次走班，她花了40分钟才到公司。坚持一段时间后，她的步子越走越快，只要30分钟就能到单位了。一段时间过后，曾困扰她很久的慢性咽炎竟再未入侵，王梅把这归结为步行健身增加了身体抵抗力。现在她停服了减肥药，体重虽无明显下降，但感觉身体比以前更结实健康了。

微微的家离公司非常近，她也常常为自己的"争分夺秒"而得意。一个偶然的机会，她起了个大早走路去上班，因为去得非常早，她从容地整理好办公桌后开始了新的一天。感到意外的是，这一天，她的心情是从未有过的愉悦，手上的工作也变得得心应手。从这以后，微微就每天比平常早起半个小时，徒步上班。渐渐地，她开始喜欢上这种走班方式。在微微看来，这不仅仅是一种上班方式，更是一种生活方式。

相关资料链接：

步行是一种增强体质和改善免疫系统的理想运动方法。它能够促进心血管的流通，提供心肺功能锻炼的机会，还能加快血液循环和新陈代谢。一些专家指出，以每小时4.8公里的速度步行20分钟，热量消耗最快，有利于减肥。如两小时后再步行20分钟，减肥效果更佳。步行健身法不但能够改善身体的健康状况，还能帮人提神醒脑，让每天的生活神采奕奕，精神百倍。

午休锻炼串串烧

在很多人看来，午间趴在办公室的桌子上小憩比做运动更有利于恢复精力。其实，时间不太长、强度不太大的运动，是可以缓解压力、舒缓疲劳的。目前，越来越多的人开始认识到这一点，健身房、保龄球场、壁球馆成为广大白领午休时的时尚加油站。

传统的“静态”午休也正在为“动态”午休所代替。对平时确实很难抽出时间来进行体育锻炼的都市上班族来说，借着午休时间一起做做运动，既可以舒展筋骨，补充活力，又省出了下班后的锻炼时间去开展其他社交活动。

串烧之乒乓： 汪洋是贵阳市一家出口企业的部门经理，平时工作十分忙碌，但每天中午休息的时候，只要在公司，他总会拿起乒乓球拍成了一个名副其实的“乒坛健将”。他说：“平时工作比较紧张，下班后不是工作上有应酬就是陪老婆逛街看电视，每天都缺少锻炼的时间。利用午休时间打打球既放松了心情，又锻炼了身体，是一个非常好的选择。”

串烧之台球： 高先生从事的工作需要长时间伏案对着电脑，总是抬着右手操作鼠标，几年这么下来，腰椎和颈椎经常感到疼痛。经过和几个同事商量，高先生他们在附近的台球俱乐部办了张卡，午休时间经常结伴去练几把，三三两两之间分个胜负。他们说这是一种积极的休息，换换脑子，伸伸腰肢，松弛一下紧张的神经，又享受到了台球运动的乐趣，下午上班也有了精神。

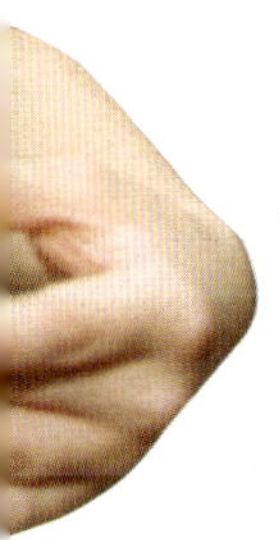

串烧之舞蹈： 中午，一座写字楼里的健身教室里，传出阵阵音乐声，一群年轻的女学员正在随教练起舞。这些学员大多数都是写字楼上班的白领。午间她们到这里来活动一下，做些有氧运动，既能锻炼体形，下午上班时精神状态也会更好。

串烧之健身房：贾先生在北京恒基中心的一家公司里上班，52岁的他看起来像个棒小伙儿，因为他每天中午都要花一个多小时去附近的“时尚空间”健身房运动。“前一段因为出差间断了半个月，马上就能感觉到腰间的肉在飞速增生。”刚从跑步机上下来的他，挥汗如雨，但说起话来并不气喘：“晚上没有时间，最后才想到利用中午这段时间来锻炼，效果还不错。”

串烧之瑜伽：在上海恒森广场上班的王小姐最近体重下降、面色红润，她把这一变化归功于午间瑜伽健身操。四个月前，王小姐在单位所在的写字楼的健身房办了张健身卡，每天利用中午休息时练习瑜伽，然后精神十足地投入下午的工作。王女士告诉记者：“如果工作上遇到麻烦，我就在办公室闭目5分钟，用瑜伽的方式调整情绪，效果很好。我把经验传授给同事们，最近又有4个人加入练瑜伽的行列。”

串烧之大汇演：38岁的广告公司副总戴筱午休时经常约上几个朋友打几局保龄球。他说，午间的价格非常低，比较适合工薪阶层练习。此外，他还热衷于轮滑运动：“谁说溜冰是青少年的专利，事业有成的白领也可以脱掉死板的工作服，换上冰鞋、运动服，在溜冰场上飞翔一把，有时候也会摔几个跟头，但我把它当作情趣的补充，从地上爬起来，感觉自己年轻了许多。”

如果担心以上的健身运动花钱太多，那就散步好了。午休时迈出封闭的高层写字楼，在户外的花间树丛中走走，可以帮助肠胃消化。清鲜的空气、浓阴的绿树是天然的“氧吧”，会给人补充新的活力。要是累了的话，可以躺在软软的草地上舒展一下筋骨，在绿色空间中享受短暂的惬意和满足。

“动态午休”就像是一种健康充电，吸引着疲惫的人们离开“鸽子间”的局促空间，享受运动和健身的乐趣，换取新鲜的工作热情和心平气和的工作情绪；如果持之以恒，人们会永远保持着一颗年轻的心。

神秘瑜伽

“瑜伽”这个词为梵文YOGA的译音，意为“自我与原始动因的一致”，其含义是均衡生命和自然的贯通，以达到天人合一的理想境界。瑜伽最早起源于印度，距今已有6000年历史，是一个身体锻炼与生活哲学相结合的运动体系。从最初曲高和寡的修炼术发展到当今的运动时尚，瑜伽的魅力让越来越多白领女性心仪。

梁小姐是瑜伽健身中心的老会员，在讲述自己的练习体验时，她总是神情飞扬：“每当我在课上和家里做练习的时候，我的身体会感觉非常舒服、自然、放松。感觉能量从肩部一直传到手指尖。身体僵硬的部分得到了舒缓，虚弱的地方也变得有力了。”

现在北京市的瑜伽健身会所越来越多，许多健身中心里也都开设了瑜伽课程。三个月的收费约为800元人民币，对于北京年轻的白领层来说，负担并不算重，市场潜力很大。有关人士就此分析说，现代都市人工作繁重、压力大，而外部世界的嘈杂、喧闹使他们迫切需要寻求一种安宁，这可能也是瑜伽开始盛行的原因。

塑形普拉提

普拉提训练法由德国人约瑟夫·普拉提(Joseph Pilates)创立并推广，被誉为是“西方的瑜伽术”，它揉合了芭蕾和瑜伽的特点，有健身和塑身的双重功效。普拉提传到中国的时间不长，但因其独特的健身功效，已迅速成为办公室一族，尤其是职业女性所喜爱的一种时尚健身运动。

在恒基广场工作的赵小姐，本来一直练的是健美操，后来她觉得自己的心肺功能较弱，于是改练舒缓的瑜伽。前不久，在健身俱乐部无意中发现了普拉提这种健身运动，便跟着练习了一段时间，觉得这种运动很有意思，就加入了练习普拉提的行列。一段时间后，她感到原来由腰椎间盘突出引起的疼痛减轻了，便坚持了下来。

葛小姐从事IT工作，为了塑身参加了健身俱乐部。一开始，葛小姐练的是瑜伽和健身操，可是健身操运动比较激烈，自己有时不能坚持下来。正好教自己瑜伽的教练同时也教普拉提，于是葛小姐就尝试了一下，她觉得普拉提注重肌肉拉伸，虽然有一定的强度，但感觉不错，而且配上音乐进行训练的意境很舒服，于是就打算一直练下去。

活力健身操

若要寻找一种充满活力、健康和青春的健身方式，健身操无疑将是最佳选择之一。这项极具趣味和娱乐性的健身运动除了能增强心肺功能、提高整体协调能力外，还可以使人心情舒畅，减轻脑力劳动的疲劳。伴随着强劲的音乐声，就算是不喜欢运动的人也会不由自主地随之快乐摇摆。

女性天生就有很好的节奏感，她们喜欢在动感音乐的伴奏下做着优雅的动作，这就是眼下流行在各个健身场馆的女子踏板健身操。在踏板上跳健身操，能够培养练习者的力量、柔韧性、灵活性、肌肉耐力和平衡能力。踏板操凭借它的动感、优美、激情吸引着中国都市众多白领女性。

芭蕾训练课

继健美操后，芭蕾形体训练开始在中国流行起来，各大城市相继出现了成人芭蕾形体训练班。芭蕾训练班大多采用业余形式，利用晚上和周末时间上课。经过一段时间芭蕾形体训练的学员，大多身姿挺拔，形体健美，举手投足气质明显胜于以前。以往的药物减肥、理疗减肥、减肥操虽有一定疗效，但代价较昂贵；而芭蕾形体训练花费不大，又没有副作用，在健身的同时，能使人形体优美，动作高雅，是一种极佳的健身方式。因此，中国的芭蕾形体训练开展得红红火火，日益大众化，成为现代女性追求的时尚。

芭蕾形体训练与通常的健美操不同。虽然也有体力上的消耗，但是芭蕾的动作更强调肌肉的耐力、身体的平衡和柔韧性，每个动作的强度不是很大。这样的训练既可以消耗脂肪，又不会形成结块的肌肉。做个形象的比喻，跳健美操有点像田径中的短跑，两分钟之后就汗流浃背、气喘吁吁，而芭蕾形体训练更像长跑，汗是一点一点地渗出来的，属于一种静静的体力消耗。

中国最早的健身俱乐部一般只存在于豪华高级的星级宾馆里，每年高达数千美元的会费令绝大多数中国人望而却步。那时，“健身”几乎是“奢侈”二字的同义词。时移事异，如今新兴的健身中心早已将目光转向大众消费市场，收费也不再那么让人感到可望而不可及，它们将目标锁定在了中国白领消费群身上。年龄自25到40岁不等的中国白领阶层有较丰厚的收入，有一定的休闲时间，了解最新的国际时尚，有运动健身的愿望和需求。他们一般很少在公园里打太极拳，在林荫小道上慢跑，而可能经常出现在新式健身俱乐部里，身穿Lycra健身衣，享用最先进的健身器械，和着韵律跳健身操，身心舒缓地练习瑜伽……

男人需要运动来保持健康，女人则通过健身来达到美丽。中国的白领一族正逐步享受着健身俱乐部带来的激情和活力，普通的工薪阶层也正在成为健身俱乐部的主力军。中国健身队伍的不断壮大是健身运动的趋势，也是时代发展的必然。

Chapter 4 / 户外运动

户外运动

户外运动的范围非常宽泛，从人们常见的徒步旅行到登山、攀岩、山地自行车以及漂流、滑翔等。1998年开始，中国的户外运动在北京、广州、上海等一些大中城市逐步发展和普及，已成为一种社会时尚。户外运动人口也在不断增长，户外运动市场迅速扩张。调查显示，在经常从事户外运动的人群中，60.2%具有大学或同等学历，27.4%的人有大学以上学历；在收入方面，月薪3000元以上的占48.6%；在年龄构成上，20-40岁的占84.1%，40-50岁的占7.1%。可见，当前中国从事户外运动的人群有高学历、高收入、年轻化的特点，这部分人群追求新鲜、刺激、时尚，对这种在欧美国家颇为流行的运动方式更容易接受，户外运动本身所蕴涵的挑战自我精神也与年轻人积极向上的特质相吻合。

户外运动是一种娱乐健身项目，也是一种人类与自然相融合的过程，它借助于现代高科技手段，最大限度地发挥自我身心潜能，向自身极限挑战。在追求竞技体育“更高、更快、更强”的目标之外，更强调勇敢参与精神以及在跨越心理障碍时所获得的愉悦感和成就感。

人板合一

在中国，以滑板、轮滑、小轮车为代表的极限运动已经十分普及，并且在城市中呈现蒸蒸日上之势。对青少年群体而言，滑板、轮滑、小轮车成为一种时尚。

沈阳的中街是一条非常出名的步行街，现在，中街上的轮滑(滑板)潮又为沈阳添上了一道青春亮丽的风景。每到傍晚，整条中街几乎就成了年青人的天然娱乐体育场。滑板、轮滑爱好者在川流不息的人流中如鱼得水、穿梭不息，旋转、急停、闪、躲、腾、挪，他们争相较技，乐此不疲。

在北京，王府井大街上的利生体育商厦和地坛体育馆前的U型台，已成为京都轮滑爱好者一试身手、以武会友的天然擂台。也许有的人心里对这些街头活动并不认同，但它们确实为北京这座历史文化名城注入了年轻和时尚，注入了新鲜的活力……

周六晚9时，天津和平区天主教堂前的广场，夜色和霓虹灯的包裹中，人群自发地让出圆形空地和通道，十几个少年在中心地带时而足蹬滑板演示各种惊险跳跃，时而在自行车上闪转腾挪。这种半娱乐半训练性质的自发聚会，在其他一些广场上也会经常出现。一位玩家略带着委屈解释说："在大人眼里我们都是那种散漫和不务正业的人，其实，我们都是特好的小孩。"滑板、单车、轮滑，这些价格不菲的"新型玩具"早已打破了群体游戏的束缚，城市少年开始在玩乐中无限释放自己的青春激情。

"毅"是长春为数不多的几家专业滑板店之一。店主用"毅"字来做招贴，这个字坚决、刚强的涵义，也恰恰符合滑板运动所最需要的品质。作为"毅"滑板专卖店的形象大使，路英是"滑板一族"中的"骨灰级"玩家。除了参赛之外，他还接拍广告，在电影里客串过角色。他从1992年开始与滑板结缘，十多年来，曾经因为种种原因无数次想放弃，但就是停不了。"玩滑板是件极易上瘾的事，很多人戒了几天之后又回来了，因为他会一直被那种飞起来的感觉牵着。"作为"滑板一族"的大使，路英的感觉也许代表了他的"族人"。

为了这项在中国还显得比较另类的运动，在场的每个少年都或多或少地挂上了伤疤，但是没有一个人表示会因此而放弃这项运动。滑板运动不同于传统运动项目，不拘泥于固定的模式，它以滑行为特色，崇尚自由，体验超重力的感受，给滑者

带来成功和创造的喜悦，富有自我挑战性和观赏刺激性，需要滑者充分发挥想象力。目前，在中国的很多城市里，滑板运动几乎成为极限运动的象征，已经成为很多都市青年人最流行的时尚之一，参加极限运动会是他们梦寐以求的愿望。

攀岩走壁

现代社会竞争激烈，生活节奏快，精神紧张，每天周而复始让生活都变得沉闷，而一些简单的运动方式，如游泳、打球等，很多年轻人觉得不够刺激和新鲜，他们在寻找一种能体现自己价值的运动方式。参加攀岩、越野之类的极限运动是一个很好的选择。这类运动不仅锻炼了身体，也能极大地提高参与者的心理素质。

在成都市一家攀岩训练场，某IT公司的蒋先生正和四川大学的一个小伙子进行比赛，面对30米高的岩壁和比自己年轻10岁的对手，已经35岁的蒋先生丝毫没有畏惧。不到10分钟，身手敏捷的蒋先生率先攀到了顶点，触摸到标志后，他右手比了一个“V”字，右手一松，顺着保险绳缓缓落地。虽然蒋先生练习攀岩还不到一年，但在这家训练场可以算是老会员了，只要工作不忙，几乎每周他都要花上4个小时以上的时间来这里练习。

攀岩运动全面进入中国的时间并不长，本世纪初才开始兴起，一出现就受到不少中国年轻人特别是公司职员和高校学生的喜爱。他们经常通过专业运动公司组织起来进行集体锻炼。

不要以为攀岩只是男子汉的专利，在攀岩现场也能见到很多女孩子的身影。每当有女孩子在保护绳的保护下在峭壁上奋勇攀登时，围观者总是不断发出阵阵加油声。

在南京某企业就职的董女士就是其中的一位。在谈到自己攀岩的感受时，董女士表示，“很难用言语来形容”，有人问她：“冒那么大的危险，消耗那么多的体力，不是花钱买罪受吗？”董女士总是告诉别人：只有亲身去体会，才能感受到那种“战胜自我、赢取成功”的欣慰感和喜悦感。

在北京日坛公园攀岩场，身材娇小的孙小姐在观众席后面埋头脱下攀岩鞋，若不是双手还沾满了白白的镁粉，难以将这个娇小瘦弱的年轻女子和刚才几乎攀到壁顶的极限高手联系到一起。当她张开双手，才相信这的确是个下过一番苦功的高手：宽大粗糙得与娇小身材不符的双手，布满了硬硬的老茧，她羞涩地一笑：“只要休息一段时间，老茧就没了。”

雪上狂欢

冰雪运动也在吸引着越来越多的年轻人。冬天就不必说了，很多人打着“飞的”去哈尔滨滑雪已经成为一景，而现在北京已建起10多个滑雪场，南京也在建设大规模的室内滑雪场，冰雪运动已不再是东北人的专利，也不再受到季节的限制。2005年6月，沪上高考结束后，数千名轻松下来的学生蜂拥至上海市银七星室内滑雪场。排长队虽然让人心焦，但学生们宁肯为此等候："虽然我们知道可能还要等上3个小时，但我们不打算放弃，今天来就是为了滑雪的。"

都市白领也将滑雪视作休闲娱乐的好方法。2005年12月，上海银七星滑雪场与苏州青旅联合推出的“雪地圣诞狂欢夜”吸引了一大批白领游客。滑雪场还借冰雪之利，搞起了“雪地婚礼”、“雪地真人秀（cosplay）”等娱乐节目，时尚文化随着雪橇“滑”入了普通市民生活。

冰雪市场所蕴藏着的商机，也吸引了众多的经营者，全国各地纷纷开建滑雪场，一时热闹无比。距长春40多公里的静月坛滑雪场，预计用5年时间打造中国最大的国际量级滑雪场。在北京周边，目前就有万龙、石京龙、怀北、军都山、莲花山、阳光雪山城堡、八达岭等十几家滑雪场。上海银七星室内滑雪场的面积超过5万平方米、长380米的雪道，能同时容纳2000人滑雪，据说刚落成时是亚洲第一，而现在的第一名可能会易手杭州。这是因为2005年9月，杭州宣布将在钱塘江边兴建一座庞大的室内滑雪场——“冰雪世界”，计划建造的滑道比上海几乎长一倍，预计2008年落成时，它将成为亚洲最大的室内滑雪场。

水底探幽

潜水说来似乎挺容易，不少人小时候就以“扎猛子”见长，况且，借助现代科技设备，连不会游泳的人都可以下水潜一遭。可真要玩好，其中的讲究太多了。试想，“极限战士”不带氧气瓶潜入100多米的海底，需要何等体魄、技能和胆略？

对潜水爱好者来说，“潜族”应该是对他们恰当的称呼，因为他们是不爱张扬的一群人，他们喜欢在自己的天地里，悠然自得地享受着水下的乐趣。在当前中国的潜水爱好者中，年龄在28–35岁之间的男性占了绝大部分，他们中的83%以上拥有大学本科以上学历，职业领域则集中在文化、金融、商务、咨询等收入较高的行业。此外，“潜族”当中有超过22%的人有海外生活或学习的经历，不少人正是在海外第一次接触了潜水，并且将这个爱好保持了下来。

30岁的Jack是一名外企的区域经理，3年前去新加坡旅游时“沾染”了潜水这项爱好之后，就一直没有放弃。Jack说：“潜水给人一种心灵上的彻底放松，在蓝蓝的水中不仅是看到了美丽的景色，更主要的是可以自己沉浸在一个宁静、纯洁的环境中。”现在，Jack已经是潜水俱乐部的一名核心会员，一年内基本能实现5次国内潜水和1次境外潜水，仅在潜水器材上的支出就已超过了两万元。他正准备今年利用年假和俱乐部一起去红海潜水和旅游。

目前，在北京、上海、广州等大都市，潜水和高尔夫、滑雪并称为未来三大绿色休闲运动，已经成为不少时尚白领的户外活动新宠。在北京，由于地处内陆，受地理条件的限制，除极少数可以模拟自然水域的“海底世界”可以让初学者体验与鱼同游的趣味外，各潜水俱乐部通常将学员的培训安排在星级饭店的游泳池里，待掌握基本潜水技能并获得考核证书后，再组织去沿海城市感受自然潜水的乐趣。

相关资料连接:

据中国潜水运动协会2006年年会公布的数字，从1995年中国第一家潜水俱乐部成立算起，到2005年已增长到100多家。仅2005年一年，中国新增的潜水俱乐部就超过10家。

在云南省会昆明以南64公里的地方，有一座风景秀丽，宛若世外桃源的旅游风景区，这就是享有“中国第三深度淡水湖”之称的抚仙湖。抚仙湖水质清澈，污染较少，是中国目前保护较好的淡水湖泊之一。湖面面积300多平方公里，一眼望不到边际，微风吹拂下，阵阵浪花拍岸，仿佛置身海边。湛蓝的湖水，黛色的群山，落日下火红的云团，一切都恍如在画中。独特的喀斯特地形及高原湖泊的特点使潜水爱好者流连忘返。每年5-10月是这里的潜水黄金季节，许多资深潜水员会千里迢迢赶来，体验这里的洞穴潜水和考古潜水。

拓展运动

拓展运动，也叫“拓展训练”，包括场地拓展运动、野外生存训练等，是一项集户外、室内为一体的新兴体育项目，通过设置困难和解决困难的方式，使运动者暂时地、相对地处于某种身体或心理的极端条件，从而迫使个人和集体充分发挥自身潜能，最终达到锻炼身体、拓展个人潜能、增进团队精神、实现人的全面发展的目的。比起其他的运动项目，拓展运动更强调智力和体力的结合，以及团队合作精神。

2004年5月24日，湖北省襄樊市七里山国家森林公园的野外展能训练营地，一群年轻人正在教练的带领下进行各种各样惊险刺激的运动，挑战自己的心理极限。这个训练营地自2004年5月8日开营以来，颇受城里人的欢迎。“这里远离市区，空气清新，而且手机信号又不好，到这里就像来到了一个相对封闭的世界，这是一个很好的放松自己、调整自己的环境。”每一个来到这里参加拓展培训的城里人都如此感叹。他们说：“这项运动可以激发个人的潜能，加强团队精神，增强创新意识。”

拓展运动有较强的竞技性、参与性和观赏性，对大众尤其是青少年有巨大的吸引力，具有良好的社会基础和发展前景。目前，拓展运动在中国已被很多企事业单位作为培育团队精神、增强集体凝聚力、建设企业文化的必修课。

山高人为峰

北京时间2004年7月28日上午10点10分，王石顺利登顶海拔5030米的大洋洲最高峰查雅峰，至此他已在不到三年时间内顺利完成攀登七大洲最高峰的计划，成为第四个完成此壮举的中国人。

王石，万科企业股份有限公司董事长，被誉为“一个亲手打造房地产业界不落帝国的巨人，一个充满激情永不服输敢于挑战自我的强者”。2003年，作为一名业余登山者，52岁的他随队成功登上8848米的珠穆朗玛峰峰顶，创下中国登顶者的年龄最高纪录。

登山的辛苦和危险众所周知，不断攀登的王石也不止一次涌起过“我要是能活着回去，再进山我是王八蛋”的念头，可每当他攀上峰顶，他的想法却变成了“下一座山是哪座山”。

他在登山手记中写到：“现代文明提供给我们城市人太多的生活享受和方便，以至熟视无睹，不懂得珍惜。在山上过一段时间再返回城市，一切对你都是新鲜、可爱、可亲的。你会重新审视、珍惜被你长期忽略的许多东西，你会更热爱现代文明生活，你会对周遭的人更宽容。”

在登珠峰的时候，王石和队友遇到了一个凌于万丈深渊之上的关口，必须一个一个小心翼翼地通过，当时他想：“早知道是这样，我就不上来了。只要前面有哪个队员回头走，我系在后面就跟着他走。”可是事与愿违，“结果前面没有一个回头的，我一看，只好战战兢兢往上爬吧。”对此，王石感慨万千：“登山不是像你们想象的那样大无畏，最后逼到那份儿上，我看你，你看我，既然你不下，我也不下。只要有一个人下，就是羊群效应，就都下去了。”

其实在现实社会中，本来就没有人是绝对无所畏惧的，而真正的勇气和毅力就藏在人们能够坚持的最后一秒当中，正如成败往往就取决于坚持和放弃的一念之间。目前，像王石这样的业余登山者在中国还有很多，经常参加登山的人口，已进入各种体育运动项目参加人数的前十位。值得一提的是北京香山的登山大军，每天有两三万人之多，公休和节假日达到四五万。不同年龄的人来到香山，风雨无阻，乐此不疲，成为香山一大景观。也许正如王石所说：“登山的乐趣就在于，离开都市的你会以全新的眼光去看待现代文明给你的东西”。

赛车，香槟，花环，在2006年全国汽车拉力锦标赛上海站的比赛中，韩寒以S组第二的出色表现在家乡父老面前好好秀了一把。然而，韩寒做到的并非仅仅是开着赛车在刺激的赛道上飞奔。

几年前，韩寒孤身来到北京，梦想着在写作的同时，能与一群疯狂的朋友在赛道上飙车。两年以后，他就跻身全国汽车拉力赛，并一举取得全国第六名的好成绩，成为红河车队的职业赛车手，并获得宝马方程式赛车亚洲区奖学金。2004年开始，他驰骋于中国汽车拉力赛和亚洲宝马方程式赛车两个赛季之中。紧张的训练比赛给予他更多的创作灵感，在赛季期间，他相继出版了《像少年啦飞驰》、《通稿2003》、《长安乱》等畅销书。

赛车手？作家？

拉力赛与方程式赛车其实是两个概念、两个领域，很少有人能有如此天赋游刃于两者之间。韩寒不但做到了，而且还能坚持写作，《长安乱》就是在最惨烈的赛季里完成的。读《长安乱》，你或许可以嗅出赛车场上的滚滚尘烟，感受到韩寒飞驰般的速度和激情。赛车是一项极具冒险性和挑战性的运动，追求的是技能、勇气和速度，而写作是思想和情感的旅程，需要的是思考和寂静。职业赛车手和作家，一动一静，一张一弛，也许正是运动提供了写作的灵感，而思考也提供了比赛时的冷静。

随着F1赛事落户中国以及电视、报纸对赛车铺天盖地的报道，赛车运动在中国迅速凝聚了大量的人气，诸多汽车、摩托车、卡丁车的俱乐部、车队、赛场、赛事相继出现，中国的赛车手和车队也在国际比赛中取得了不错的成绩。尽管能亲身参与赛车运动的人在中国还是极少数，但随着人们经济实力的提高，越来越多的人开始体验到这项运动的无穷魅力，赛车运动在中国还有更广阔的发展空间。

027

小小帆船纵横四海

2005年8月20日，在如注的大雨中，由几位深圳业余帆船手驾驶的双体帆船“骑士号”，驶入深圳南澳的浪骑游艇会码头，从而完成了“郑和下西洋”六百年之后中国帆船的又一壮举。“骑士号”于2005年2月从法国的拉罗舍尔港口起航，穿越半个地球，跨越欧非亚7个海区，航行1.1万海里。其间途经26个国家和地区，在45个港口留下了中国帆船经过的证明。经比斯开湾、直布罗陀海峡、地中海、苏伊士运河、红海、曼德海峡、阿拉伯海、北印度洋、马尔代夫群岛、孟加拉湾，由马六甲海峡入中国南海，最终回到深圳，此次航行被命名为“纵横四海”活动。

2006年5月24日，“骑士号”更名为“全球通新浪号”，再次踏上征程，将沿西线跨越半个地球，完成中国人首次驾帆船环球航行的壮举。这次极富挑战性的航行不仅被人们视为梦想与勇气之旅，还负有在航行途中传播中华文化的使命；船上带有中国国旗、象征奥运的福娃及其他富有中国特色的纪念品等，拟沿途收集各国人民对2008年北京奥运的祝福。在法国戛纳港启航前夕，“全球通新浪号”收到法国总统希拉克特地发来的贺电，电文中表示了对本次航行的关注和祝福。截至北京时间7月16日，帆船已顺利抵达巴西的福塔莱萨港，完成了历时整整一个月的大西洋航段。

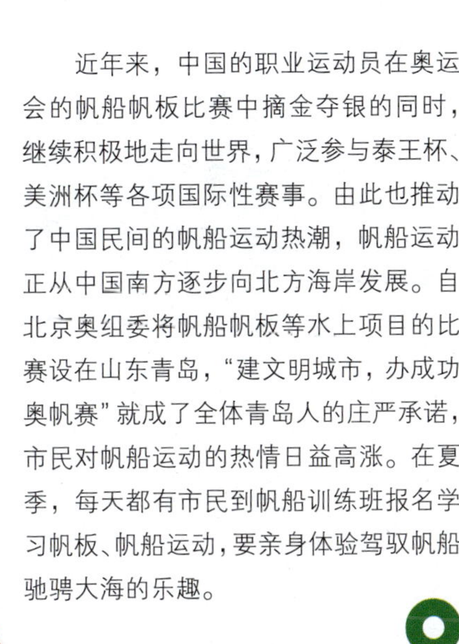

近年来，中国的职业运动员在奥运会的帆船帆板比赛中摘金夺银的同时，继续积极地走向世界，广泛参与泰王杯、美洲杯等各项国际性赛事。由此也推动了中国民间的帆船运动热潮，帆船运动正从中国南方逐步向北方海岸发展。自北京奥组委将帆船帆板等水上项目的比赛设在山东青岛，“建文明城市，办成功奥帆赛”就成了全体青岛人的庄严承诺，市民对帆船运动的热情日益高涨。在夏季，每天都有市民到帆船训练班报名学习帆板、帆船运动，要亲身体验驾驭帆船驰骋大海的乐趣。

Chapter 5 / 校园健身运动

校园健身运动

如果有时间去大学校园里转转，人们就会发现，下午，是校园一天中最活跃也是最具生气的时候，而下午的运动场，正是校园里最热闹的地方。篮球场上，无论是院系对抗还是自由组队单挑，都是掌声不断，呼声震天；足球场也不甘示弱，那帮铁打的男儿不论寒冬酷暑，总能挥洒着高昂的激情，头顶脚踢尽力争取着每一次得分机会；还有那些在网球场上潇洒挥拍的青春女生，本身就是校园的一道风景线。如果选择这个时候在校园里散步，一定会被这样的氛围、这样的青春气息所感染。

除了这些较为传统的室外活动外，越来越多的“不见天日”的运动项目，也就是室内运动，也正在青年学生中悄然流行。虽然其中有些项目进入校园并不是很久，在国内也是刚刚起步，但一出现就受到了青春一代的热烈欢迎。

篮球
——一个舞台绽放多人的精彩

在大学校园里，总有一群为篮球而狂热的球迷。赛场上，他们尽情挥洒着汗水，身怀绝技、狂野不羁；赛场外，他们把篮球当成一种生活艺术，为了篮球充满梦想，为了篮球奋发向上，为了篮球成为了好朋友。校园篮球虽然没有《灌篮高手》那般神奇，却发扬了它的激情；没有NBA那般火热，却沿承着它的战术。充满了青春动感活力的篮球运动一直为青年学生所喜爱。

2005年9月19日，“李宁3+1校园篮球挑战赛”北京赛区北航选拔赛正如火如荼地进行着，对阵双方展开了激烈的身体对抗，比分你追我赶一直咬得很紧，选手们追逐着篮球，也追逐着他们的梦想……北航学子们纷纷驻足，饶有兴趣地观看着活动区开展的斗秀争锋、三分狂飙挑战赛、灌篮训练场等TOP GUN篮球明星挑战活动。该赛事自2004年开始举办，受到在校大学生的热烈欢迎，每届赛事均有上百所高校的几千支队伍参加。

时下中国的校园篮球，不再是男孩子们的专利。校园里经常能看见穿着运动装的女生，灵巧地运球、过人、投篮，也在篮球场上追逐着属于她们的梦想。热爱运动、热爱篮球的她们不怕流汗，不怕受伤；她们对NBA同样充满向往，无论是火箭还是太阳，无论是姚明还是纳什，都是女孩们心中的骄傲。球场外她们柔情似水，球场上她们激情燃烧，她们对篮球的专注与热情丝毫不会输给男生。

足球
——绿茵场上的青春

足球，是一个团体的运动。一个绝妙的传球，一个心照不宣的眼神，都将每个队员紧密联系在一起。在大学的足球场上，在那些学生球员身上，我们能感受到那种凝聚、拼搏、不屈、进取的足球精神。

绿茵场上，他们可以将学业中的烦恼、压力等等都抛到九霄云外，可以尽情地欢呼、尖叫、呐喊。他们竭尽全力地奔跑，为的是将自己最好的表现呈现在大家面前，为班级、为院系、为学校争得一份荣誉。

绿茵场上，他们不会因为摔倒而裹足不前，因失利而失去信心，更不会因为受伤而掉一滴眼泪。也许有恨，那也是恨自己为什么不再努力一点，如果在场上的某个瞬间自己能再跑快点，或许结果就会改写，或许就可以赢得比赛。

“大学的绿茵场，虽然没有大牌球星，没有顶级赛事，可那是自己身边的足球、自己身边的哥们，真实、鲜活、过瘾。”一个校园铁杆球迷这样说。

在某大学bbs上，有人写道：“足球就是图个快乐，一帮爷们扎堆的快乐。在偌大的场地上摸爬滚打，一身尘土一身汗水，没有丝毫怨言。”一位校队队员在毕业前发出感叹：“这么多年下来，足球成了我生活的一部分，高兴时踢，不高兴也踢，当作一种宣泄。”此时的他们，已经把名次看得很淡了，其实，能有这么多次机会和一帮朋友一起狂奔和流汗，这就够了。

中国的很多高校毕业生在离校前，总喜欢用一场酣畅淋漓的足球告别赛来告别四年一千多个日夜，让离别的愁绪飘荡在校园绿茵场的上空。足球，已经成为他们大学生活共同的见证。

健美操
——校园涌动健身健美青春风

健身健美运动在社会上流行起来之时，也悄悄地进入了各大中学校园。在众多的健身健美运动项目当中，融体操、舞蹈、音乐、健身、娱乐于一体的健身健美操备受年轻学生的青睐。目前中国许多大学都成立了健美操协会，中学生则自发组成了各类健美操、街舞社团，越来越多的学生参加到健身健美运动中。

首届中国学生健身操大赛正是在这样的背景下诞生的。2004年12月12－17日，以“激发健康活力、展现青春风采”为主题的“首届中国学生健康活力大赛”在广州体育学院隆重举行。来自全国100余所大、中、小学的1200多名选手参加了本次比赛。比赛分为业余组和专业组，设置了竞技健美操、健身健美操、动感拉拉队、艺术体操、健康街舞、健康明星评选等7个项目。选手们在比赛中充分展示着自己青春的活力。大学生在健身健美操、动感拉拉队等项目上发挥着无尽的想象力，自编自演的舞蹈创意新颖；中学生则在街舞项目上展示其自由、洒脱、无拘无束的个性；在竞技健美操项目上，专业选手独领风骚，表演了大跳成俯撑、空中转体成俯撑等高难度动作，让观众大饱眼福。

拉丁舞
——浓郁南美风情

近年来，带有浓郁南美风情的拉丁舞在中国兴起了一股热潮。各种各样的大赛在北京、上海、天津、广州等大城市应运而生，门类繁多的培训中心、学习班也层出不穷。被称为拉丁风情舞的“salsa”以其平民做派、自由气息，受到了追求个性化、追求时尚的爱好者的青睐，越来越多的青年人开始喜欢上这种性感热情的舞蹈。

周四下午四点，华北科技学院体育馆门口已经站满了等着上舞蹈课的学生。一名女生说：“国标拉丁舞对学习者要求非常高，不容易学习，而salsa没有太多的严格要求，是一种完全面向大众的舞蹈，而且这里老师的教学风格非常适合大学生，让我们一下子就喜欢上了这种舞蹈。”这位女生还介绍说，学校每年都举办舞蹈比赛以推广这项活动，之前从来不敢相信自己也能登台演出的她，已经多次上台表演舞蹈。她认为：“学拉丁舞提高了自信，证实了自己的能力，通过学习锻炼自己的交际能力，认识了很多朋友，对自己的工作、社交都是一份巨大的财富。”

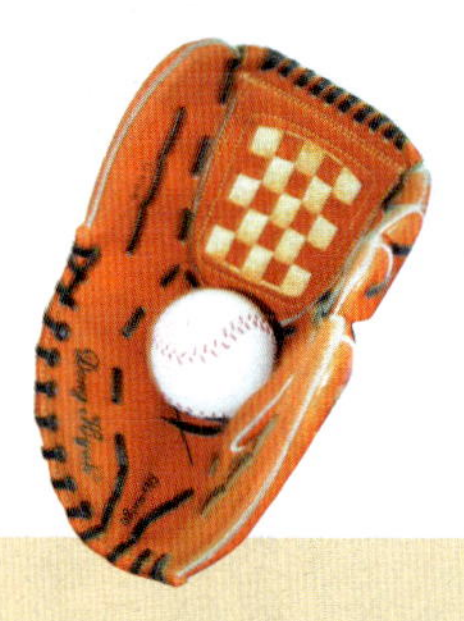

垒球
——运动中体验团队精神

今年20岁的黄丹早在初中时就接触过垒球，上大学后也选择了垒球作为体育选修课。她练得特别卖力，被推荐到学校里的棒垒球俱乐部去加强练习。

垒球是一种比较费钱的体育运动，幸好学校和俱乐部能给球队成员提供球棒，这样上千元的大头解决了，个人只需花几百元买手套。黄丹说："参加这项运动，我得到的不仅是体质的增强，更多的是队里那份人与人之间的感情。"

黄丹回忆起刚参加俱乐部时参加的一场对复旦女垒的比赛，"说真的，打那场比赛的时候我是队里水平最差的了，可是教练坚持让每一个人上场锻炼一下。比赛时，即使我根本没有接好球，但哪怕手套碰到了球一点点，大家都会真诚地鼓掌给我加油。漏了球，队友也一定会竭尽全力地帮我挽救。就是在那样一种极具团队精神又充满信任的氛围里，我决定要和这项运动相伴一生。"

校园一景
——“教授篮球队”

2006年1月13日，周五下午。颜教授忙完了一天的工作，提起桌边的一个背包直奔综合体育馆，去完成他今天的另一项“功课”——参加学校教授篮球队的训练。

现年57岁的颜教授是福建师大传播学院院长、文艺学专业的博士生导师，同时又是教授篮球队的9号，司职后卫。“个头不是‘特别’高，拼抢不是‘特别’激烈，但他们却是校园里最‘特别’的球队。”这是福建师大的师生们对教授篮球队的评价。“特别”有三：层次高，队中22名成员都是正教授，其中有9位学院院长；年龄大，最大的近60岁，最小的也是年已不惑，平均年龄52岁；训练勤，每天傍晚六七点钟，总可以在球场上看到他们的身影，雷打不动。

这支教授篮球队成立于1999年，开始时只是福建师大几位爱打篮球的教授们的一个“临时组合”。后来影响渐广，成员日多，如今已成福建省高校一道独特的风景线。不久前，在福建师大举办了福建省首届高校教授篮球邀请赛，作为东道主的福建师大教授队力挫群雄，一举夺魁。教授们的那份兴奋与喜悦，完全可以与拿了学术大奖相媲美。这些年来，这支教授篮球队赛遍了省内高校，还打到省外，打出国门。2005年11月下旬，他们远征菲律宾，参加“全球华人篮球邀请赛”，并取得佳绩。在他们的带动下，同省的厦门大学、华侨大学、福建农林大学、集美大学等高校也相继成立了自己的教授篮球队。

据了解，目前在福建省的各大高校中，像教授篮球队这样由知识分子自发组织的群众性体育团体越来越多，“脑力劳动者”们积极参加体育健身活动的现象日益普遍。在福建师大，教授乒乓球队、教授游泳队等同样人气鼎盛；在福州大学，教师网球队、青年教师足球队、登山协会等也是门庭若市，仅在2005年的全民健身月中，该校就有2000多名教师参加各种健身运动；在闽江学院，则活跃着太极拳、飞标、体育舞蹈等多支队伍。

相关链接——中国大学生篮球超级联赛

“大超”联赛由中国大学生体育协会和中国篮球协会共同主办，全国16所著名高等院校的男篮代表队参加比赛。首届“大超”联赛于2004年10月拉开战幕，16支代表队分为南北两个赛区进行主客场比赛，北区的8个参赛学校是：清华大学、中国人民大学、哈尔滨工业大学、东北师范大学、辽宁大学、天津大学、山东大学和西安交通大学；南区的8个参赛学校是：复旦大学、上海交通大学、东南大学、华中科技大学、湖南大学、成都电子科技大学、厦门大学和广东工业大学。各赛区前四名于2005年2月起进行交叉淘汰赛，最终中国人民大学队获得了首届中国大学生篮球超级联赛总冠军。

老年人的
长寿之路

老年人一直是中国城市体育锻炼的"主力军"。2005年，中国65岁以上的老年人口约9153万，占总人口的7.7%，这表明中国人口已基本完成由成年型向老年型的转变。目前，中国上海、北京等城市已属老龄化城市。由于中国人口基数较大，老年人口的绝对数值很大，老年人体育的发展成为全社会关心的一件大事。

老年人通常对健康长寿有切身的紧迫感，闲暇时间也比较多，因此他们一般比较注意自身健康，有锻炼身体的愿望，并能根据自己的身体状况，选择做一些健身运动。目前，中国的老年体育活动形式较多，有的还与社会活动、文化活动、旅游活动和休闲生活结合起来。这些活动便于持久开展，有助于老年人增强体质、愉悦身心、提高生活质量，因而受到他们的普遍欢迎。

Chapter 6

健身走
—— 老年人最理想的健身运动

"生命在于运动。"2004年3月30日，南京市玄武湖公园正在举行"江苏省暨南京市老年人健身走"启动仪式，这是一场专为老人们举行的健身活动，6400名老年人参加了这次活动。他们排着整齐的队伍，手持各区以及单位老年体协的旗帜，迈着有力的步伐沿着湖边行走。队伍中的老人一个个精神抖擞，还不时地朝围观者挥动旗帜，传达着他们的喜悦。排在队伍前列的150位骑着自行车开道的老年车队队员特别引人注目。手拿彩绸和锣鼓的表演队，以及两辆美丽的花车也为整个队伍增添了活力。

目前，步行是中国老年人运动健身最常见的方式，因为走路健身简单有效，不受场地、时间、环境制约，也没有其他身体条件的限制。健康专家也建议老人选择散步、慢跑等比较舒缓的运动项目进行锻炼，以增强体质、维护身体的健康。

太极拳
——养身健体的传统运动

家住北京的朱先生今年60多岁了，退休前就是武术爱好者。2006年初，他在小区附近的公园里办起了一个老年健身联谊社，免费辅导老年朋友练习太极拳、太极剑和太极扇等。现在，每天都有20多位老年人来参加练习。朱先生说："太极是中华武术的精粹，动作比较缓慢，讲究连绵不断，形似流水，特别适合老年人，对老年人活动筋骨、防病、祛病是非常有好处的。联谊社里有许多老年朋友练了几个月后，都收到了明显的健身效果，身上有劲了，精神也好了，生活质量就提高了。"

内蒙古自治区五原县有一位105岁的老人宫杜若，他身体硬朗，精神矍铄，还在五原县百岁堂药店给人把脉医病。老人希望能在2008年，他107岁的时候到北京看奥运会。谈到他如何保持如此健康的身体时，他笑声朗朗地说："我的长寿秘诀很简单，就是每天坚持锻炼身体，冬夏不辍，主要是打太极拳，练太极剑和养生气功，不吸烟，不喝酒，饮食清淡。"

中国的太极拳，是传统的武术（又叫“功夫”）和气功相结合而形成的一种健身拳法，练习时精神集中，动作柔和缓慢，一招一式都和呼吸配合，做到深、长、匀、静。研究表明，太极拳能改善老年人的情绪、睡眠、性格、记忆力与动作稳定性，促进心肺功能、新陈代谢功能的提高，有显著的抗衰老效果。武术和太极拳是中国的国粹，因此，老年人练太极也是一种割舍不下的传统。

门球

——适合老年人的休闲运动

门球是用木槌击打小球过小门的一种休闲运动，具有场地小、运动量小、规则易懂等特点，运动过程中没有身体接触和对抗，主要是技巧与智商的较量。这项运动具有较强的艺术性、趣味性和观赏性，既可健脑，又可健体。

门球运动颇受中国老年人的喜爱，这是因为它有着很多别的运动所没有的特点。它的活动量不大，对活动者的体能和战术要求并不是很高，比赛中休息的时间也比较充裕，因而是最适合老年人的体育运动之一。目前，门球运动在中国十分常见，在公园、社区、老年中心，常常能见到打门球的老人。

登山
——最全面的健身运动

新华社老年登山队于1997年6月18日建队，是一个离退休人员自发成立的集体活动组织，9年来队员人数从最初的15人增加到60人。队员之一，83岁的赵师传老人曾于1996年做过癌症切除手术，身体康复后，一直坚持登山，至今身体依然健壮，从不感冒。他每周坚持登3次山，连续走3小时也不觉得累，曾被评为北京市老年登山明星。

2005年12月31日，南宁市夕阳红登山队的400多名老年登山爱好者登上五象岭，以迎接2006年的到来。他们中年龄最小的50岁，最大的84岁。在登山过程中，他们步伐矫健，大部分人半小时就登上了山顶。登山队的曾阿姨说，她今年已经52岁了，由于平时经常参加登山锻炼，今天登这座山对她来说简直是“小菜一碟”。

中国是山地资源大国，户外运动资源十分丰富。仅2005年就有11个城市举办了大型的老年登山活动，有20多万人参与。登高爬山是一项有益于身心健康的体育活动。专家认为，登山与游泳是两项最全面的健身运动，在一步步向上攀爬、跨越时，四肢反复屈伸，能量消耗相对较大，使心肺功能得到增强，可有效地预防老年人的心脑血管病和呼吸系统病，也有助于提高关节、肌肉的灵活性，增强韧带和肌腱的力量，防止僵化和早衰。

游泳
——延缓衰老的时尚运动

游泳是一项无负重、无冲击的有氧运动，可以使练习者全身都得到锻炼，适于各个年龄段的人群。老年人经常参加游泳锻炼，在与阳光、空气和水的接触中亲近大自然，不仅能感受到运动健身的乐趣，还有助于改善心肺功能，延缓衰老，益寿延年。

在北京市宣武区游泳馆，有一批坚持进行游泳锻炼的老人。他们以此为固定的场地，每周进行规律锻炼。老人们说，游泳使他们的体质有了明显的改善，患病的少了，原有的病也减轻甚至不再犯了。曾经做过癌症切除手术的马老先生今年已经75岁高龄，他最初抱着豁出去的态度到游泳馆游泳，坚持几年下来，癌变再没有发生过。其他坚持游泳锻炼的老人，有人原来腿上长了骨刺，后来逐渐消失了；有的人原来身体肥胖，患有“三高一肝”（高血脂、高血压、高血糖、脂肪肝），后来各项体检指标都恢复到正常。老人们在游泳中尝到了甜头，越来越多的人加入了这个队伍。

相关资料链接　中国的老年人健身现状

- 老年人有比较强烈的防病治病、延年益寿的主观愿望，家庭、工作负担相对较少，闲暇时间多，因而参加体育活动的比例较大。
- 目前，中国可供老年人选择的体育活动的形式还不十分丰富，主要局限在散步、慢跑、体操、气功和太极拳等几种形式上。
- 在时间上，中国老年人健身活动基本集中在早晨；在空间上，主要集中在家庭中、公园街道边、社区空地；在锻炼方式上，以单独锻炼为主，其次是与同年龄朋友一起活动，再次是与家人一起锻炼。

已售出
SOLD OUT

崛起中的运动健身产业

——体育产业是当今全球经济中发展最快的产业之一，每年为世界带来4000亿美元的收入，为社会提供了众多的就业机会。体育产业所蕴藏的巨大商机，使其已成为21世纪最有活力和广阔前景的新兴产业之一。作为体育产业的重要组成部分——运动健身产业在中国各个城市中的蓬勃发展，也是城市朝气和时代精神的完美体现。——健身行业要上一个新的台阶，不仅需要市场的努力和经营者的努力，更需要人们观念的转变。今天，中国人对个人健康和生活质量开始有了更多的关注，各大住宅区都设立了小

区健身点和健身房，越来越多的人将健身作为生活中不可分割的一部分，诸多白领和事业成功人士更将健身运动排入每日的日程之中，这些都是健身产业发展的良好契机。目前，中国经常参加各类健身活动的有3亿多人，“花钱买健康”、“参加健身活动，为健康投资”的新型

消费观已逐步形成。“以前人们对于健身的概念多停留在跑跑步、跳跳操的层面上，但是现在人们对于健身有了更多的认识，也更愿意投身其中。”杭州一家国际健身中心分店的销售部经理说。

花钱买健康，捧火健身房

老杨是朝八晚五的政府公务员，平时工作特别忙碌，下班后还要先上专业外语补习班，八点钟再赶到健身房。30多岁的他把学习和健身都当作自我投资。他说："从大学毕业开始工作后，锻炼身体的时间明显减少，加上工作和业余学习的压力，感觉身体特别容易疲惫，所以我每天晚上都会去住所附近的健身房参加健身。消费不多，却可以给我带来健康，晚上睡眠特别安稳，工作起来也格外带劲！"

"流汗很舒服，我每天的生活都是从健身房开始的。"一位退休老人每天早晨坚持跑步和做重量训练，这也成为他"不老"的秘诀。他还表示，健身房里的很多运动器械都非常适合中老年人健身，充分合理地利用这些器械是非常有利于锻炼身体的，希望越来越多的中老年人能加入到健身的行列里。

在北京一家报社工作的李女士下班后匆匆赶往位于新世界商城中的浩沙健身中心。她先是在跑步机上跑半个小时，然后参加这里的瑜伽训练。她说，每天这里都很热闹，来晚了跑步机经常都没有空位。这里的价位比较低，健身活动比较丰富，有各种器械、还有健美操、瑜伽等各种班，只要办卡都可以参加。

周末或者寒暑假，健身房里一抹年轻的色彩格外引人注目，学生群体成为健身房里逐渐崛起的新势力。一位在读的大学生很兴奋地说，现在健身房推出了一种专为学生消费族量身包装的校园优惠卡，很实惠，大大丰富了他们的课余生活，他和同学们都非常喜欢。

全民健身运动的大力推广，使中国百姓对运动有了一个全新的认识，也给健身产业在中国提供了极为广阔的发展空间。现在健身行业更加注重不同的市场需求，开拓更多的服务项目，逐渐发展为一个稳定的产业。

分析大家热衷去健身房运动的原因，有些人是为了放松心情，缓解工作学习压力，有些人是为了消遣娱乐，有些人则视其为不错的交际场所。总体而言，现在喜爱到健身房运动的民众是越来越多。一般说来，早上时段是“银发族”和家庭主妇的天下，午休时段则属于上班族，下午五点到十点是黄金时段，还有年轻学生的加入，显得格外热闹。

价格从高端走向平民化是健身潮兴起的重要原因之一，当然，各健身俱乐部在尽量以低廉的价格吸引会员的同时，也坚持认为服务质量才是他们立业的根本。但无论是价格的下降还是服务质量的提高，消费者都将是最终的受惠者。

“2000平方米以上的大型健身俱乐部，一年的会员保有量在2000—3000人之间，而小型俱乐部以买月卡或季卡居多，人流量也不少。”一位业内人士分析说，“目前，北京市面积在2000平方米以上的健身俱乐部有9家，加上小规模的俱乐部和小区会所，参与者不少于6万人。”虽然价格战不可避免，但各健身中心对收费问题坚持着自己的底线。“价格低了，服务会跟不上。”北京一家健身俱乐部的工作人员说，“卖服务是健身产业最大的特点。”

杭州格瑞特健身中心2005年招募前期会员时年卡的价格只有1780元，但如今想成为格瑞特的会员，会籍顾问会告诉你现价是1980元。“这样做的目的是为了控制会员人数，保证服务质量。”行政人事部经理这样解释。

“私教”新理念，健身找“专家”

随着生活水平的提高，人们越来越重视健康。正是看中了这个商机，越来越多的投资者对运动健身市场跃跃欲试。健身场馆的经营者们也已意识到，必须将健身运动作为向锻炼者提供健康服务的新兴产业来发展。在这种背景下，适合不同阶层人士的健身俱乐部纷纷兴建起来。现在的健身中心早已不像过去那样只是一个减肥增肌的场所，更重要的是给人们提供一种健康的生活方式，引导人们提高生活质量。

当前在中国大城市中，已不乏功能齐全的国际化健身场所。走进这些健身俱乐部，映入眼帘的是宽敞气派的健身房，高大的空间加上采光充足的落地窗。除了跑步机、哑铃、杠铃等基本健身器械，一些综合健身俱乐部还拥有成排的有氧机、世界品牌的力量训练器械、高档

次的冲淋设备和桑拿、湿蒸浴等设备，以及训练有素的健身顾问和具有专业水准的私人教练。尤其是那些来自国内外专业团体的健身教练和形体老师，凭借其扎实的专业知识、丰富的科学健身理论和实践经验，为会员设计训练方案、提供专业指导。他们注重合理安排训练时间，注重训练方法和效果，同时还会对日常饮食提出专业建议，因而被广大健身者称为“贴心的健身专家”。成套高科技的健身器械，完善系统的人性化服务，先进的塑身美体健康理念，时尚与健身的结合，健身房已成为追求时尚的中国人常常光顾的地方。

百盛健身会所是温州最先引进“私教式”服务的健身会所，现任12位私人教练均毕业于亚洲运动及体适能专业学院（AASFP）。这些提供一对一专业指导的健康体适能工程师，不仅在减脂、增重等方面经验丰富，同时对纠正运动性驼背、治愈腰肌劳损、缓解腰部及颈椎酸痛等也有拿手的绝活。

何凡是杭州市一家大型健身中心的资深跳操教练。她每天的工作除了给学员上课，还负责为各健身中心培训健身教练，但是培训的速度好像永远都跟不上市场的需求量。就在这两三年内，先后有50多家健身俱乐部和健身场所在杭城的各个角落落户，健身教练人才缺乏的问题凸现出来了。一些健身俱乐部甚至不惜重金从上海和广州等地引进相关人才。“杭州的健身产业这两年发展迅速，但优秀健身教练的数量还远远达不到市场的需求。”何凡深有感慨地说。

相关资料链接

- 健身产业在今天已成为公认的“朝阳产业”，但在中国，实际上只处在萌芽期。
- 北京，虽然健身房起步较早，但至今成规模的只有20多家，其中综合性的大型健身中心不超过10家。
- 深圳，近100万人有锻炼的习惯，健身市场的兴起给他们提供了活动的场所。目前全市有近100家大大小小的健身房。其中大中型健身俱乐部大约有十余家，而且在不断增加。
- 上海，目前拥有星级水准的健身俱乐部20余家，其占地面积均在1000平方米以上，投资额也都在1000万元以上。此外，外资在上海投建健身俱乐部也是一个新特点。

福娃，把中国的祝福带给世界

北京时间2005年11月11日20时20分，当5个两三米高的充气娃娃在北京工人体育场出现的时候，全场沸腾了。刚刚诞生的2008年北京奥运会吉祥物是那样的俏皮、可爱，他们还是头一次代表中国向全世界“问好”。

颇令人惊喜的是，北京奥运会吉祥物不是孤零零一个，而是五个亲密的小伙伴。他们的色彩与灵感来源于奥林匹克五环，来源于中国辽阔的山川大地、江河湖海和人们喜爱的动物形象，他们向全世界的人们传递友谊、和平、积极进取的精神和人与自然和谐相

北京2008年奥

处的美好愿望。这组吉祥物的中文名字叫“福娃”，念起来琅琅上口，又颇具中国传统文化的味道；每个娃娃又都有自己的名字，分别叫“贝贝”、“晶晶”、“欢欢”、“迎迎”、“妮妮”，其谐音组合起来就是“北京欢迎您”。五种形象的颜色分别呼应着奥运五环红、黄、蓝、黑、绿的色彩。福娃代表了梦想以及中国人民的渴望。他们的头饰蕴含着其与海洋、森林、火、大地和天空的联系，其形象设计应

运会合作伙伴

用了中国传统艺术的表现方式，展现了中国的灿烂文化。▭“贝贝”、“晶晶”、“欢欢”、“迎迎”和“妮妮”就像一个欢快幸福的小团队，他们把激情与欢乐、健康与智慧、好运与繁荣带往世界各地，向世界人民传递和平、友谊、进步、和谐的北京奥运会理念与奥林匹克精神，盛情邀请五洲宾朋共聚北京，欢庆全球的盛典，演绎中国祝福世界的美好故事。

小朋友
—— 写给出征2008奥运健儿的一封信

尊敬的奥运健儿们：

你们好！我是上海市江苏路第五小学五年级的一名学生，名叫宁宁。我很喜欢运动，体育成绩也不错。平时经常参加的运动项目有：游泳、跑步、跳绳等；我也很喜欢观看各种体育比赛，尤其是排球比赛，只要有时间，每次现场直播我都不会错过。人们常说，“生命在于运动”，运动能强身健体的道理无人不晓。确实，每个人都需要运动，也会有各自喜欢的运动项目。我们学校每年举行两次运动会，同学们都积极参加各项比赛，操场上，我们的小运动健将你追我赶，竞争激烈。听妈妈说，她单位里也举行了运动会，妈妈还得了跳绳冠军呢！

说起冠军，刘翔、郭晶晶、邓亚萍、孔令辉等许多奥运冠军的名字响彻大江南北，你们可是我们中国人的骄傲啊！每当你们在各种国际比赛上取得优异的成绩，每当五星红旗在雄浑激昂的国歌声中冉冉升起，我都会感到无比地激动和自豪。作为一个中国人，我相信2008年的北京奥运会一定能够办成一届杰出的奥运会，给全世界人民留下美好的印象。我也期待你们出色的表现，到时候，我一定要成为一名奥运志愿者，去北京为你们助威呐喊，为中国加油！

我希望你们刻苦训练，不辜负中国人民对你们的期望，发奋图强，为国增光，赢得全世界人民对你们的喝彩！

最后送上我真诚的祝福：愿你们尽自己的全力，为祖国添上一块块金光灿灿的奖牌！

你们的“铁丝”：宁宁

2006年3月31日

在这次名为“致2008年北京奥运会的一封信”的活动中，共收到来自中国27个省、市、自治区的少年儿童的1800万封信，其中有写给奥运冠军的，有写给北京奥组委的，还有写给国际奥委会前主席萨马兰奇的，每一封信都是中国孩子们殷切期待北京2008奥运会的一份心声。

孩子代表着未来，代表着希望，在青少年中宣传奥运精神、普及奥运知识，有助于培养他们对和平、友谊、进步的追求和向往，有利于奥林匹克精神伴随着他们的健康成长。

“下面入场的是希腊代表团，他们穿着民族服装，用希腊语告诉大家‘同一个世界，同一个梦想’。”这不是2008年北京奥运会开幕式的预演，而是羊坊店中心小学模拟奥运会入场式的一幕。

“请问奥林匹克日是每年的几月几日？”“现代奥林匹克运动的创始人是谁？”……这是北京市第九中学进行的一场校内奥运志愿者形象大使选拔赛，奥林匹克知识问答是比赛内容之一。

2005年年底，北京市首批20所中小学被命名为“北京2008奥林匹克教育示范学校”，羊坊店中心小学和北京九中都榜上有名。这些学校都在以各种各样的形式开展奥林匹克教育，奥林匹克精神和理念正在中小学生心中生根发芽。

年青人
——健康运动庆奥运

2006年6月4日，中国青年政治学院的校园里格外热闹，随处可见身穿黄、绿、白、红各色运动衫的大学生，他们都是来参加上午举行的“奔向2008首都大学生健身长跑运动”的。刚过8点，50多位身穿红色紧身运动上衣的女执牌手一字排开，整齐地列队在操场的草坪上，队牌上写着“清华大学”、“北京大学”等学校名称，后面是50多位帅气的旗手，再后面是身穿各色运动衫的长跑选手。北京警察学院05级刘文辉兴奋地说：“今天的天气最适合跑步了！”问到他的状态时，他爽快地说：“我从小就练长跑，今天这距离绝对没问题！”

“奔向2008首都大学生健身长跑活动”于2006年1月1日在国家博物馆北京奥运会倒计时牌前启动，将至2008年8月8日北京奥运会开幕当天结束。其间，每个参与活动的大学生将累计长跑2008公里（平均每人每天约跑2130米）。大学生们用他们充满青春活力的步伐宣传奥林匹克精神，增加“迎奥运”的浓厚氛围，展示首都大学生健康的身体素质和良好的精神状态。

2004年7月28日上午，由中国地质大学（武汉）自行车协会发起组织的“2004武汉市大学生千里骑行迎奥运”活动在中国地质大学校门口出征。19名大学生和2位外国友人将以武汉为起点，途径湖北、河南、河北，最终抵达北京，计划20天，行程1500多公里。参加这次活动的队员分别来自武汉市的7所高校，其中包括6名女生。同行的还有来自美国宾夕法尼亚大学沃顿商学院副院长Leonard M. Lodish和他的夫人Susan。骑行团带队团长李建辉介绍，此次活动的口号是“绿色奥运，绿色骑行”，他们将在沿途省会城市以及著名旅游景点举行签名活动，宣传绿色奥运，呼唤更广泛的公众参与环保，同时也给每位队员锻炼自我、磨练意志的机会。

老年人
——太极舞奥运
单车游中国

晴空艳阳，绿草如茵，一派生机与祥和。为迎接北京2008年奥运会，主题为“太极风·奥运情——2008健康老人在行动”活动于2005年6月23日国际奥林匹克日在南开大学主体育场举行，2008位老年太极拳表演者进行了精彩的24式太极拳表演。他们分别来自天津市老年人大学以及市内六区的老年大学，其中年纪最大的已是82岁高龄。2008名健康老人，象征着2008年在北京举办的奥运会，而太极拳又是中华武术的精粹，老人们将全副身心融入每一个动作，也以全副身心祈愿2008年北京奥运会圆满成功。

起势、左右野马分鬃、白鹤亮翅、左右搂膝拗步、手挥琵琶、左右倒卷肱、左揽雀尾、右揽雀尾、云手、单鞭、高探马……张弛有度、刚柔相济，一招一式，整齐划一，引来观众热烈的掌声和喝彩声。来自天津市和平区的72岁老人李寿山说："老年人的健康能够展示城市和国家的面貌。能够来这里支持奥林匹克运动、为奥林匹克运动作贡献，我十分振奋。太极拳不仅有利于健康、陶冶情操，也能够弘扬中华民族悠久的文化。"

"青岛市市南区老年义工骑游队"成立于2003年底，由100多名老年人组成，他们中年纪最大的有81岁，年龄最小的是56岁的女队长于世君。据她介绍，骑游队成立之初，本意只是促成本地市民讲究环保和组织老年人锻炼身体。在得知北京申奥成功尤其是青岛要举行奥帆赛后，骑游队开始"眼光向外"。近三年来，骑游队已经走过北京、浙江、上海、海南等地。每次出发，他们都随身带着奥运旗帜及相关宣传材料，每到一处就向当地老百姓宣传环保知识，宣传即将在青岛举行的奥帆赛。于世君自豪地说："在2008年前，我们骑游队将要骑车走遍全国，宣传环保、奥运和在青岛举行的奥帆赛。"

成为北京奥运会志愿者
—— 大家共同的心愿

“志愿者是奥运会的点睛之笔”，国际奥委会的一位委员在谈到雅典奥运会成功的原因时说：“志愿者让雅典奥运会锦上添花，我无法漠视志愿者对奥运会所作出的贡献”。在中国，同样有无数立志成为北京奥运会志愿者的普通市民，他们正用自己的一言一行实践着他们各自的理想和共同的愿望。

魏红是北京市园林局颐和园管理处的一名青年员工，是首都数十万青年志愿者中的普通一员。在北京申办2008年奥运会期间，魏红作为一名志愿者，承担了国际奥委会官员在颐和园考察的外语导游工作。在昆明湖畔，当她满腔热情地为50多名国际奥委会委员介绍东方园林悠远的历史文化时，她清醒地意识到自己肩头的神圣责任，她要把现代北京市民健康文明、乐观自信、热情大方的形象深深地镌刻在他们脑海中。“当13亿中国人为申奥成功而举国欢庆时，我和所有为北京申奥工作付出辛勤努力的志愿者们一样，感到无比的自豪，感到由衷的骄傲。”作为首都园林系统的青年员工，魏红和她的伙伴们正根据自身的职业特点和专业特长，积极投入到青年志愿者行动中。她们经常用自己的业余时间，为来自四面八方的游客朋友们提供义务导游、咨询、翻译、接待等志愿服务。“我最大的愿望就是成为北京奥运会的正式志愿者，为来自全世界的人们提供便利和帮助。”魏红满怀激情地说。

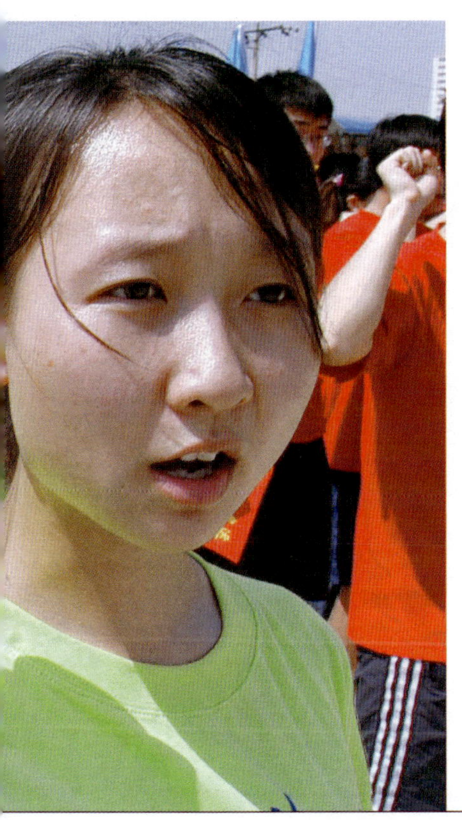

与魏红有着同样心愿的是身患绝症的25岁小伙子杨硕，他在轮椅上宣布，为了给2008年在北京召开的残奥会作贡献，他将免费对残疾人进行英语培训。杨硕在8岁时被确诊为“进行性肌营养不良”，只能与轮椅为伴度过余生，但他没有自暴自弃，而是以超人的毅力与命运坚强抗争。书成为了杨硕精神生活的支柱，他开始自学中文、哲学、英语、物理、医学。现在，利用网络和英语，杨硕的“触角”已经延伸到了世界。2005年，只念到小学四年级的杨硕在拿到英语口语高级证书后，在父母的支持下，在甘家口附近租下了教室教英语。他的最大心愿，是在2008年北京残奥会上，他和那些一起学习英语的残疾朋友都能成为志愿者。

北京奥运会志愿者工作协调小组办公室主任关成华就北京2008奥运会的志愿者工作介绍说，预计直接服务于北京奥运会的志愿者总数约为7万人，直接服务于北京残奥会的志愿者约为3万人，共计约为10万人。

北京奥运会志愿者的基本条件比较简单：截至2008年4月年满18周岁以上，遵守中国法律法规，具备指定岗位要求的能力和素质，自愿为北京奥运会提供义务服务，接受北京奥组委领导和管理，具备外语交流能力的人都可以向北京奥组委申请成为北京2008奥运会的志愿者。

北京奥组委将通过公开招募和定向招募两种方式选拔志愿者。面向社会通过互联网等方式直接接受志愿者报名申请的公开招募计划，将于2006年8月启动，至2008年4月结束。定向招募已于2005年下半年开始。之后将针对不同服务岗位的需求，对选拔出来的志愿者进行培训。

Culture
Beijing 2008
Beijing 2008
奥运中国
晨练北京

东道主北京
——唱响全民健身主旋律

遍布北京大街小巷的健身乐园、假日里人头攒动的体育场馆……一个动感十足、充满活力的北京，正在“运动”中迎接2008年奥运会的到来。

满足市民健身需求，让整个城市“动”起来，是北京的目标。自1998年至2005年，北京市利用体育彩票公益金作为引导资金，共投资6.6亿元，配建“全民健身工程”5363个，该工程主体是面向大众的具有各种功能的健身设施，总面积达376万平方米，平均2237人就拥有一处全民健身工程。目前，全市100%的街道、乡镇和有条件的社区，以及60%的行政村都配建了“全民健身工程”。

北京现有6000多个体育场馆、5363个全民健身工程、1300多个经营性体育场所，为群众健身提供了良好的条件，此外北京还将重点建设满足中低档消费人群需求的社区健身中心，在社区、公园建设一批篮球、足球、乒乓球等专项健身场地，鼓励机关、单位、学校体育资源与社会共享，并加强奥运会场馆周边全民健身设施建设。

健身场所的增多，使普通市民大大受益。家住和平里的刘惠贤大妈原来锻炼得到地坛，现在出家门就是“和平里街道体育示范街”。8个活动区上百种器械，让刘大妈一时不知该练哪个好。“出了家门就能健身”，越来越多的北京人开始享受到这样的幸福生活。

2006年6月23日是北京市首个全民健身日，“百万市民健步行”活动拉开了2006北京市全民健身周活动的序幕。当天上午，在先农坛体育场举行的“百万市民健步行”主会场活动在欢快活泼的韵律操中开始，少林武术学校表演的武术、英气十足的健身剑、柔韧优美的健身球等健身项目表演贯穿整个主会场活动。随着发令枪响，主会场近万名群众开始“健步行”。全市18个区县以及燕山、亦庄经济技术开发区也同时启动2006年北京市全民健身周区县级分会场活动，形成百万市民参与的浓郁社会健身氛围。

其实，以上还只是北京市民幸福生活的一小部分。前些年，北京市体育局就推出了全民健身的六大“套餐”，其内容除了全民健身工程器材锻炼系列外，还有市民体质测定、科学健身系列指导、青少年体育俱乐部体育健身、游泳活动系列和登山活动场地系列。

围绕着“新北京、新奥运”的战略目标，北京将进一步以“全民健身与奥运同行”为主题，推动群众体育全面、协调、可持续发展。同时，大力开展“全民健身与奥运同行”为主题的健身活动，组织开展百万干部、职工、农民、学生、老年、妇女等人群的大型群众健身活动，形成一批国际性大众体育品牌活动，组织开展十大公园全民健身晨练展示，组织举办民运会、残运会、外来务工人员运动会等丰富多彩的群众健身活动，不断提高体育人口和市民健康水平，争取到2008年体育人口达到60%。

时尚中国
FASHION CHINA

F itness in China
运动无极限

图书在版编目(CIP)数据
运动无极限 / 宋懿芪、王弈著. －北京：五洲传播出版社，2006.7
(时尚中国)
ISBN 7-5085-0950-1
I. 运...
II. 宋...
III. 群众体育－体育活动－中国
IV. G812.4
中国版本图书馆 CIP 数据核字（2006）第 074717 号

运动无极限
责任编辑：郑　磊
撰　　文：宋懿芪　王　弈
图片提供：中国国务院新闻办公室图片库（China Foto Press）
　　　　　中国图片库（Imagine China）、宋懿芪
装帧设计：北京嘉世盛创设计顾问有限公司 www.juscrea.com
美术指导：彭文晖　杨占江
设　　计：王新伟

出版发行：五洲传播出版社
（北京海淀区莲花池东路北小马厂 6 号 邮编：100038）
网　　址：http://www.cicc.org.cn
承 印 者：北京华联印刷有限公司
开　　本：889 × 1194mm 1/32
印　　张：4
字　　数：40 千字
版　　次：2006 年 7 月第 1 版
印　　次：2006 年 7 月第 1 次
印　　数：1-5000 册
书　　号：ISBN 7-5085-0950-1/G · 107
定　　价：26.00 元